Tascabili Economici Newton
100 pagine 1000 lire

In copertina: Dosso Dossi, *Ninfa destata da Cupido*

Prima edizione: gennaio 1994
Tascabili Economici Newton
Divisione della Newton Compton editori s.r.l.
© 1994 Newton Compton editori s.r.l.
Roma, Casella postale 6214

ISBN 88-7983-053-8

Stampato su carta Tambulky della Cartiera di Anjala
distribuita dalla Fennocarta s.r.l., Milano
Copertina stampata su cartoncino Fine Art Board della Cartiera di Aanekoski

Gaspara Stampa

I sonetti d'amore

A cura di Marta Savini

Tascabili Economici Newton

Introduzione

Il canzoniere di Gaspara Stampa è uno dei primi esempi di poesia femminile di argomento profano, con ispirazione autobiografica e sentimentale. I 218 sonetti che costituiscono il nucleo portante delle Rime *sembrano ripercorrere e commentare — nell'ordine con cui figurano nella raccolta — le tappe di una intensa storia d'amore.*

L'incontro con Collaltino di Collalto nel Natale del 1548, la resa totale al suo fascino, l'accettazione consapevole dei tormenti causati da una passione non pienamente corrisposta, l'amarezza della solitudine per le ripetute assenze dell'amato richiamato da doveri militari, politici e amministrativi, l'impeto della gelosia, i rari, tripudianti momenti di piena condivisione, danno un'impronta di eccezionalità all'esperienza durata circa tre anni (sonetti 2-198). Subentra poi un periodo di calma dei sensi, il rifugio nel porto «queto e sicuro» della ricontemplazione platonica della «interna bellezza» dell'amato (199-204) e il profilarsi di un'altra, ugualmente dirompente e fatale vicissitudine («Amor m'ha fatto tal ch'io vivo in foco, / qual nova salamandra») con Bartolomeo Zen (205-218).

Non a torto il Croce ha potuto definire i componimenti di Gasparina «diario d'amore», «effusioni epistolari con piena aderenza alla realtà». E il Baldacci ne ha individuato il segreto fascino nella tendenza a «risolvere in una piena convinzione di linguaggio privato (quasi di carteggio d'amore) termini e luoghi che sarebbero altrimenti propri di un dettare sublime».

D'altro canto molteplici indizi rivelano quanto la poetessa mirasse a un esito letterario che le consentisse di essere apprezzata non solo dall'uomo amato ma dalle persone di cultura che frequentava, garantendosi quello status *che la condizione di donna non maritata le avrebbe precluso, dati i costumi del tempo. È stata quindi giustamente superata nei confronti delle sue rime la valutazione di matrice romantica che ne privilegiava l'immediatezza tutta femminile, la sconcertante, assoluta sincerità. Si è individuata una sorta di poetica tra le righe di tante volutamente modeste professioni di* impotentia fandi, *di inadeguatezza, di annullamento rispetto al dettato di Amore. Sono richiami a un rinnovamento dello stile, a una regola imposta alla forza nativa dell'ispirazione (cui corrispondono altri accenni nelle* Rime varie, *puntualmente evidenziati dalla Bassanese nel saggio del 1984). Si vedano i sonetti 3, 4, 8, 11, 15, 19, 74 etc.*

«Grande istitutrice di arte letteraria» (Russo), la Stampa ha privilegiato, in consonanza con quanto fermentava nella cultura veneta del tempo sotto l'egida del Bembo, l'imitazione petrarchesca, adeguando lessico, immagini e la stessa struttura dell'intera raccolta (che si apre con un «Voi ch'ascoltate in queste meste rime», e si conclude con componimenti di ispirazione religiosa, di ravvedimento) al dettato dei Rerum vulgarium fragmenta. Ha voluto così operare una trasformazione idealistica e platonica (magari da «platonismo mondano» tutto rinascimentale e bembesco) della sua vicenda. Soprattutto nei sonetti in cui lamenta l'abbandono, la lontananza, la gelosia e in cui affianca l'amore alla morte, ha fondato — nell'imitatio dei moduli sintattici, della distribuzione del pensiero nelle strofe, delle antitesi e delle correlazioni misurate — un petrarchismo che risulta però di maniera, mediocre: i momenti migliori sono legati a una «utilizzazione melodrammatica, cantabile e piacevole, tenera, di motivi alti e spirituali» (Binni). Del resto l'esigenza di Petrarca all'equilibrio, alla misura, al rasserenamento espressivo delle passioni, all'euritmia, non poteva adeguarsi a chi mostrava di puntare allo straordinario, all'eccezionale.

Una eventuale propensione al manierismo è stata pure esclusa, per la mancanza di approfondimento dei problemi tecnici legati a quel gusto, anche se, sia pure casualmente, la Stampa sembra condividerne alcune caratteristiche, che vanno dall'uso frequente delle antitesi e delle metafore sviluppate fino a investire l'intero sonetto, all'infittirsi mai però sistematizzato della correlazione. «Le infrazioni alla "regola dei punti" (sonetti di un unico periodo, e simili) e i versi di tre accenti» sono ad ogni modo «così numerosi che assumono il carattere di sigla personale» (Malagoli).

Altra cifra qualificante della poetessa resta legata a quel senso della musica, innato e coltivato negli anni che, prevalendo sulle altre istanze, produce una sorta di squilibrio nell'andamento del discorso che ne risulta, di volta in volta, ora stemperato in toni lievi che tendono «alla cantabilità, alla musica leggera, alla confidenza» (Scrivano), ora adeguato a meno impegnativi modelli quali i testi coevi delle poesie per musica (Rati), ora infine ridotto a un'esilissima linea-guida su cui lasciare esercitare il virtuosismo del bel canto.

MARTA SAVINI

Nota biobibliografica

«Gasparina» nacque a Padova nel 1523. Alla morte del padre, l'orafo Baldassarre, amante della musica e della poesia, la famiglia si trasferì a Venezia, città di origine della madre Cecilia. Nella città lagunare, allora vivacissima capitale culturale e mondana, Gaspara portò avanti la raffinata educazione musicale e letteraria cui era stata avviata, insieme ai fratelli, per volontà del padre.

Con la sorella Cassandra, virtuosa del bel canto, la giovane fu più tardi accolta e apprezzata nei circoli veneziani più esclusivi, ove si riunivano artisti e letterati. Anche casa Stampa fu frequentata dallo Speroni, dal Doni, dal Betussi, dal Sansovino, che facevano parte dell'*entourage* di Pietro Aretino. Il fratello Baldassarre, che morirà a soli venti anni, fu anch'egli verseggiatore. Tra i destinatari delle rime della poetessa sono da ricordare Domenico Venier, Trifon Gabriele, Girolamo Molini (tutti discepoli e ammiratori del Bembo), il Della Casa, l'Alamanni e musicisti e compositori quali il Parabosco e Perissore Cambio.

Diverse vicende sentimentali segnarono l'esistenza elegante e libera della giovane donna; particolare risonanza ebbe nel canzoniere la storia dell'amore per il conte Collatino di Collalto, gentiluomo di antico lignaggio, uomo d'armi, cultore di musica e rimatore. Gaspara lo conobbe nel Natale del 1548 e per circa tre anni condivise il piacere e la gioia di una passione pienamente corrisposta con il timore e l'umiliazione di essere abbandonata e tradita. Il conte, infatti, la lasciò a più riprese: nell'estate del '49, per recarsi in Francia (a Parigi, per il matrimonio di Diana, figlia naturale di Enrico II, con Orazio Farnese, e poi alla battaglia per la riconquista di Boulogne sur mer), per tutto il 1550, impegnato a Lendinara nel Polesine e nel '51 per la guerra di Parma. Gli ultimi sonetti (e soprattutto l'acrostico 216) documentano il nascere di un nuovo amore per Bartolomeo Zen.

Gaspara morì giovane, a Venezia nel 1554. Numerosi letterati la ricordarono *post mortem* in componimenti celebrativi.

Tre soli sonetti (51, 69 e 74 della nostra raccolta) furono pubblicati mentre l'autrice era ancora in vita in una *Raccolta di Rime* dovuta a G. Ruscelli (Venezia 1553). L'anno successivo, dopo la sua morte, la sorella Cassandra, con la consulenza, sembra, di Giorgio Benzone, pubblicò tutte le *Rime* a Venezia, per i tipi del Pietrasanta. Il volume è dedicato al Della Casa. Da quell'anno (1554) le rime non furono più menzionate fino al 1738 quando ne uscì una edizione curata da Luisa Bergalli, assistita da Apostolo Zeno, per volontà di un discendente di Collatino di Collalto, il conte Antonio Rambaldo.

Nel 1913 A. Salza ne curò una riedizione per la collana degli «Scrittori d'Italia» di Laterza: G. STAMPA – V. FRANCO, *Rime*, Bari 1913. Le liriche della Stampa vi figurano distinte in *Rime d'amore* e *Rime varie*. Tra le prime, ai sonetti si alternano una canzone e due componimenti in sestine; seguono poi due distinte sezioni per i madrigali e i capitoli. Citiamo da questo testo; abbiamo mantenuto tra parentesi quadre il numero romano progressivo dell'edizione laterziana.

La tradizione settecentesca e romantica coniò della poetessa un ritratto di donna ingenua e appassionata, di giovane incauta, tradita nel primo affetto dall'incostanza dell'amato: ritratto desunto soprattutto dalle lodi con cui il Varchi l'aveva ricordata come moderna Saffo, più bella e casta della poetessa greca, e come nuova, severa Lucrezia.

Il mito venne smantellato agli inizi del Novecento quando il Salza in due articoli apparsi nel *Giornale storico della letteratura italiana* del 1913 e del 1917 rivelò che la poetessa era una donna di liberi costumi, addirittura «un'etèra singolarmente adorna dei pregi della bellezza e dell'ingegno». Il Croce aggiunse un altro documento accusativo fornitogli dal Borzelli: alcuni versi improvvisati dallo Speroni in lode di due cortigiane: «Dimmi qual più è divina? / Cassandra o Gasparina? / Dimmi qual è più landra? [donna di malaffare] / Gasparina o Cassandra?». Probabilmente le due interpretazioni sono ugualmente esagerate e deformanti, comunque di scarso rilievo nel giudizio dell'opera letteraria.

D'Annunzio nel romanzo *Il fuoco* dà a un rimatore che morirà giovanissimo il nome di Baldassarre Stampa; fa esprimere a Stelio Effrena questo giudizio sulla poetessa: «Miscuglio di gelo e ardore. Di tratto in tratto la sua passione mortale, attraverso il petrarchismo del cardinal Bembo getta qualche bel grido. Io so di lei un verso magnifico "Vivere ardendo, e non sentire il male"»; e fa ricordare, infine, a Foscarina i sonetti *Signore, io so che in me non son più viva; Io vorrei pur che Amor dicesse come* e il madrigale *Se tu credi piacere al signor mio*.

BIBLIOGRAFIA

G. REICHENBACH, *L'altro amore di Gaspara Stampa*, Bologna 1907.
G. A. BORGESE, «Il processo di Gaspara Stampa», in *Studi di letteratura moderna*, Milano 1915.
ABDELKADER SALZA, «Madonna Gasparina Stampa secondo nuove indagini», in *Giorn. st. lett. it.*, LXII, 1913; «Madonna Gasparina Stampa e la società veneziana del suo tempo. Nuove discussioni», in *Giorn. st. lett. it.*, LXIX, LXX, 1917.
E. DONADONI, *Gaspara Stampa*, Messina 1919.
G. BROGNOLIGO, «Gaspara Stampa», in *Giorn. st. lett. it.*, LXXV, 1920.
G. A. CESAREO, *Gaspara Stampa donna e poetessa*, Napoli 1920.
G. REICHENBACH, *Gaspara Stampa*, Roma 1923.
B. CROCE, *Conversazioni critiche*, serie II, Bari 1924.
G. TOFFANIN, introduzione all'antologia *Le più belle pagine di Gaspara Stampa, Vittoria Colonna, Veronica Gambara, Isabella di Morra*, Milano 1929.
JOLANDA DE BLASI, *Le scrittrici italiane dalle origini all'800* (il primo volume contiene una trattazione storica, il secondo una scelta di testi con minuta bibliografia), Firenze 1930.
G. MACCHIA, «Quattro poetesse del Cinquecento», in *Rivista Rosminiana*, XXXI, 1937.
P. PANCRAZI, «I due romanzi di Gasparina», in *Nel giardino di Candido*, Firenze 1950.
W. BINNI, *Critici e poeti dal '500 al '900*, Firenze 1951.
B. CROCE, *Poesia popolare e poesia d'arte*, Bari 1957.
B. CROCE, *Poeti e scrittori del pieno e tardo Rinascimento*, vol. II, Bari 1958.
L. RUSSO, «Gaspara Stampa e il petrarchismo del '500», in *Belfagor*, XIII, 1958.
G. LEONE, «Per lo studio della letteratura femminile del '500», in *Convivium*, 1962.
E. BONORA, «Gaspara Stampa», in *Critica e letteratura del '500*, Torino 1962.
L. MALAGOLI, *Le contraddizioni del Rinascimento*, Firenze 1968.
E. BONORA, *Retorica e invenzione. Studi sulla letteratura italiana del Rinascimento*, Milano 1970.
D. CHIMENTI VASSALLI, «Emancipazione e schiavitù in Gaspara Stampa», in *Osservatore Politico Letterario*, 1972.
L. BALDACCI, «Prefazione» a *Lirici del Cinquecento*, II ed., Milano 1975.
J. VITIELLO, «Gaspara Stampa: The ambiguities of martyrdom», in *Modern Language Notes*, 1975.
M. BELLONCI, «Introduzione» alle *Rime* (note di R. Ceriello), II ed., Milano 1976.
R. SCRIVANO, *La norma e lo scarto*, Roma 1980.
F. A. BASSANESE, *Gaspara Stampa*, Boston 1982.
N. LONGO, «Collatino di Collalto», in *Dizionario Biografico*, Roma 1982.
F. A. BASSANESE, «Gaspara Stampa's Poetics of Negativity», in *Italica*, 1984.
A. QUONDAM, *Petrarchismo mediato*, Roma 1986.
G. RATI, *Saggi danteschi e altri studi*, Roma 1988.

I sonetti d'amore

1. [I]

    Voi, ch'ascoltate[1] in queste meste rime,
in questi mesti, in questi oscuri accenti
il suon degli amorosi miei lamenti
e de le pene mie tra l'altre prime,
    ove fia chi valor apprezzi e stime,
gloria, non che perdon[2], de' miei lamenti
spero trovar fra le ben nate genti,
poi che la lor cagione è sì sublime.
    E spero ancor che debba dir qualcuna:
— Felicissima lei, da che sostenne
per sì chiara cagion danno sì chiaro!
    Deh, perché tant'amor, tanta fortuna
per sì nobil signor a me non venne,
ch'anch'io n'andrei con tanta donna a paro?

2. [II]

    Era vicino il dì che 'l Creatore,
che ne l'altezza sua potea restarsi,
in forma umana venne a dimostrarsi,
dal ventre virginal uscendo fore[1],
    quando degnò l'illustre mio signore,
per cui ho tanti poi lamenti sparsi,
potendo in luogo più alto annidarsi,
farsi nido e ricetto del mio core.
    Ond'io sì rara e sì alta ventura
accolsi lieta; e duolmi sol che tardi
mi fe' degna di lei l'eterna cura.
    Da indi in qua pensieri e speme e sguardi
volsi a lui tutti, fuor d'ogni misura
chiaro e gentil, quanto 'l sol giri e guardi[2].

3. [III]

    Se di rozzo pastor di gregge e folle
il giogo ascreo[1] fe' diventar poeta

lui, che poi salse a sì lodata meta,
che quasi a tutti gli altri fama tolle,

che meraviglia fia s'alza ed estolle
me bassa e vile a scriver tanta pièta,
quel che può più che studio e che pianeta,
il mio verde, pregiato ed alto colle[2]?

La cui sacra, onorata e fatal ombra
dal mio cor, quasi sùbita tempesta,
ogni ignoranza, ogni bassezza sgombra.

Questa da basso luogo m'erge, e questa
mi rinova lo stil, la vena adombra[3],
tanta virtù nell'alma ognor mi desta!

4. [IV]

Quando fu prima il mio signor concetto[1],
tutti i pianeti in ciel, tutte le stelle
gli diêr le grazie, e queste doti e quelle,
perch'ei fosse tra noi solo perfetto.

Saturno diègli altezza d'intelletto;
Giove il cercar le cose degne e belle;
Marte appo lui fece ogn'altr'uomo imbelle;
Febo gli empì di stile e senno il petto;

Vener gli diè bellezza e leggiadria;
eloquenzia Mercurio; ma la luna
lo fe' gelato più ch'io non vorria.

Di queste tante e rare grazie ognuna
m'infiammò de la chiara fiamma mia,
e per agghiacciar lui restò quell'una.

5. [V]

Io assimiglio il mio signor al cielo
meco sovente. Il suo bel viso è 'l sole;
gli occhi, le stelle; e 'l suon de le parole
è l'armonia, che fa 'l signor di Delo[1].

Le tempeste, le piogge, i tuoni e 'l gelo
son i suoi sdegni, quando irar si suole;
le bonacce e 'l sereno è quando vuole
squarciar de l'ire sue benigno il velo.

La primavera e 'l germogliar de' fiori
è quando ei fa fiorir la mia speranza,
promettendo tenermi in questo stato[2].

L'orrido verno è poi, quando cangiato
minaccia di mutar pensièri e stanza,

spogliata me³ de' miei più ricchi onori.

6. [VI]

Un intelletto angelico e divino,
una real natura ed un valore,
un disio vago di fama e d'onore,
un parlar saggio, grave e pellegrino,
    un sangue illustre, agli alti re vicino,
una fortuna a poche altre minore,
un'età nel suo proprio e vero fiore,
un atto onesto, mansueto e chino,
    un viso più che 'l sol lucente e chiaro,
ove bellezza e grazia Amor riserra
in non mai più vedute o udite tempre,
    fûr le catene, che già mi legâro,
e mi fan dolce ed onorata guerra.
O pur piaccia ad Amor che stringan sempre!

7. [VII]

Chi vuol conoscer, donne, il mio signore,
miri un signor di vago e dolce aspetto,
giovane d'anni e vecchio d'intelletto,
imagin de la gloria e del valore:
    di pelo biondo, e di vivo colore,
di persona alta e spazioso petto,
e finalmente in ogni opra perfetto,
fuor ch'un poco (oimè lassa!) empio in amore.
    E chi vuol poi conoscer me, rimiri
una donna in effetti ed in sembiante
imagin de la morte e de' martìri,
    un albergo di fé salda e costante,
una, che, perché pianga, arda e sospiri,
non fa pietoso il suo crudel amante.

8. [VIII]

Se, così come sono abietta e vile
donna, posso portar sì alto foco,
perché non debbo aver almeno un poco
di ritraggerlo al mondo e vena e stile?
    S'Amor con novo, insolito focile,
ov'io non potea gir, m'alzò a tal loco,
perché non può non con usato gioco
far la pena e la penna in me simìle?
    E, se non può per forza di natura,

puollo almen per miracolo, che spesso
vince, trapassa e rompe ogni misura.
   Come ciò sia non posso dir espresso;
io provo ben che per mia gran ventura
mi sento il cor di novo stile impresso.

9. [IX]

   S'avien ch'un giorno Amor a me mi renda,
e mi ritolga a questo empio signore;
di che paventa, e non vorrebbe, il core,
tal gioia del penar suo par che prenda;
   voi chiamerete invan la mia stupenda
fede, e l'immenso e smisurato amore,
di vostra crudeltà, di vostro errore
tardi pentito, ove non è chi intenda[1].
   Ed io, cantando la mia libertade,
da così duri lacci e crudi sciolta,
passerò lieta a la futura etade.
   E, se giusto pregar in ciel s'ascolta,
vedrò forse anco in man di crudeltade
la vita vostra a mia vendetta involta.

10. [X]

   Alto colle[1], gradito e grazioso,
novo Parnaso mio, novo Elicona,
ove poggiando attendo la corona,
de le fatiche mie dolce riposo;
   quanto sei qui tra noi chiaro e famoso,
e quanto sei a Rodano e a Garona[2],
a dir in rime alto disio mi sprona,
ma l'opra è tal, che cominciar non oso.
   Anzi quanto averrà che mai ne canti,
fia pura ombra del ver, perciò che 'l vero
va di lungo il mio stil e l'altrui innanti.
   Le tue frondi e 'l tuo giogo verdi e 'ntero
conservi 'l cielo, albergo degli amanti
colle gentil, dignissimo d'impero.

11. [XI]

   Arbor felice[1], aventuroso e chiaro,
onde i duo rami[2] sono al mondo nati,
che vanno in alto, e son già tanto alzati,
quanto raro[3] altri rami unqua s'alzâro;
   rami che vanno ai grandi Scipi[4] a paro,

o s'altri fûr di lor mai più lodati
(ben lo sanno i miei occhi fortunati,
che per bearsi in un d'essi mirâro),
   a te, tronco, a voi, rami, sempre il cielo
piova rugiada, sì che non v'offenda
per avversa stagion caldo, né gelo.
   La chioma vostra e l'ombra s'apra e stenda
verde per tutto; e d'onorato zelo
odor, fior, frutti a tutt'Italia renda.

12. [XII]

   Deh, perché così tardo gli occhi apersi
nel divin, non umano amato volto,
ond'io scorgo, mirando, impresso e scolto[1]
un mar d'alti miracoli e diversi?
   Non avrei, lassa, gli occhi indarno aspersi
d'inutil pianto in questo viver stolto,
né l'alma avria, com'ha, poco né molto
di Fortuna o d'Amore onde dolersi.
   E sarei forse di sì chiaro grido,
che, mercé de lo stil, ch'indi m'è dato,
risoneria fors'Adria[2] oggi, e 'l suo lido.
   Ond'io sol piango il mio tempo passato,
mirando altrove; e forse anche mi fido
di far in parte il foco mio lodato.

13. [XIII]

   Chi darà penne d'aquila o colomba[1]
al mio stil basso, sì ch'ei prenda il volo
da l'Indo al Mauro e d'uno in altro polo,
ove arrivar non può saetta o fromba[2]?
   e, quasi chiara e risonante tromba,
la bellezza, il valor, al mondo solo,
di quel bel viso, ch'io sospiro e còlo,
descriva sì, che l'opra non soccomba?
   Ma, poi che ciò m'è tolto, ed io poggiare
per me stessa non posso ove conviene,
sì che l'opra e lo stil vadan di pare,
   l'udranno sol queste felici arene,
questo d'Adria beato e chiaro mare,
porto de' miei diletti e di mie pene.

14. [XIV]

   Che meraviglia fu, s'al primo assalto,
giovane e sola, io restai presa al varco,

stando Amor quindi con gli strali e l'arco,
e ferendo per mezzo, or basso or alto,

 indi 'l signor, che 'n rime orno ed essalto
quanto più posso, e 'l mio dir resta parco,
con due occhi, anzi strai, che spesso incarco[1]
han fatto al sole, e con un cor di smalto?

 ed essendo da lato anche imboscate,
sì ch'a modo nessun fess'io difesa,
alta virtute e chiara nobiltate?

 Da tanti e ta' nemici restai presa;
né mi duol, pur che l'alma mia beltate,
or che m'ha vinta, non faccia altra impresa.

15. [XV]

 Voi[1], che cercando ornar d'alloro il crine
per via di stile, al bel monte poggiate
con quante si fe' mai salde pedate,
anime sagge, dotte e pellegrine,

 in questo mar, che non ha fondo o fine,
le larghe vele innanzi a me spiegate,
e gli onori e le grazie ad un cantate
del mio signor sì rare e sì divine:

 perché soggetto sì sublime e solo,
senz'altra aita di felice ingegno,
può per se stesso al cielo alzarci a volo.

 Io per me sola a dimostrar ne vegno
quanto l'amo ad ognun, quanto lo còlo;
ma de le lode sue non giungo al segno.

16. [XVI]

 Sì come provo ognor novi diletti,
ne l'amor mio, e gioie non usate,
e veggio in quell'angelica beltate
sempre novi miracoli ed effetti,

 così vorrei aver concetti e detti
e parole a tant'opra appropriate,
sì che fosser da me scritte e cantate,
e fatte cónte a mille alti intelletti.

 Et udissero l'altre che verranno
con quanta invidia lor sia gita altera
de l'amoroso mio felice danno;

 e vedesse anche la mia gloria vera[1]
quanta i begli occhi suoi luce e forza hanno

di far beata altrui, benché si pèra[2].

17. [XVII]

Io non v'invidio punto, angeli santi,
le vostre tante glorie e tanti beni,
e que' disir di ciò che braman pieni[1],
stando voi sempre a l'alto Sire[2] avanti;

perché i diletti miei son tali e tanti,
che non posson capire[3] in cor terreni,
mentr'ho davanti i lumi almi e sereni,
di cui conven che sempre scriva e canti.

E come in ciel gran refrigerio e vita
dal volto Suo solete voi fruire,
tal io qua giù da la beltà infinita.

In questo sol vincete il mio gioire,
che la vostra è eterna e stabilita,
e la mia gloria può tosto finire.

18. [XVIII]

Quando i' veggio apparir il mio bel raggio[1],
parmi veder il sol, quand'esce fòra;
quando fa meco poi dolce dimora,
assembra il sol che faccia suo viaggio[2].

E tanta nel cor gioia e vigor aggio,
tanta ne mostro nel sembiante allora,
quanto l'erba, che pinge il sol ancora[3]
a mezzo giorno nel più vago maggio.

Quando poi parte il mio sol finalmente,
parmi l'altro[4] veder, che scolorita
lasci la terra andando in occidente.

Ma l'altro torna, e rende luce e vita;
e del mio chiaro e lucido oriente[5]
è 'l tornar dubbio e certa la partita.

19. [XIX]

Come chi mira in ciel fisso le stelle,
sempre qualcuna nova ve ne scorge,
che, non più vista pria, fra tanti sorge
chiari lumi del mondo, alme fiammelle;

mirando fisso l'alte doti e belle
vostre, signor, di qualcuna s'accorge
l'occhio mio nova, che materia porge,
onde di lei si scriva e si favelle.

Ma, sì come non può gli occhi del cielo

tutti, perch'occhio vegga, raccontare
lingua mortal e chiusa in uman velo,
   io posso ben i vostri onor mirare,
ma la più parte d'essi ascondo e celo,
perché la lingua a l'opra non è pare.

20. [XX]

   Il bel, che fuor per gli occhi appare, e 'l vago
del mio signor e del suo dolce viso,
è tanto e tal, che fa restar conquiso
ognuno che 'l mira, di gran lunga, e pago.
   Ma, se qual è un cervier occhio e mago[1],
potesse altri mirar intento e fiso
quel che fuor non si mostra, un paradiso
di meraviglie vi vedrebbe, un lago.
   E le donne non pur, ma gli animali,
l'erbe, le piante, l'onde, i venti e i sassi
farian arder d'amor gli occhi fatali[2].
   Quest'una grazia agli occhi miei sol dassi
in guiderdon di tanti e tanti mali,
per onde a tanto ben poggiando vassi.

21. [XXI]

   — S'io, che son dio, ed ho meco tant'armi,
non posso star col tuo signor a prova,
ed è la sua bellezza unica e nova
pronta mai sempre a tante ingiurie farmi,
   come a tuo pro poss'ora io consigliarmi,
e darti il modo, con che tu rimova
quel saldo ghiaccio, che nel cor si trova,
per via di preghi, di consiglio o carmi?
   Ti bisogna aspettar tempo o fortuna,
che ti guidino a questo; ed altra via
non ti posso mostrar, se non quest'una. —
   Così mi dice, e poi si vola via;
ed io mi resto, al sole ed a la luna,
piangendo sempre la sventura mia.

22. [XXII]

   Rivolgete talor pietoso gli occhi
da le vostre bellezze a le mie pene,
sì che quanta alterezza indi vi viene,
tanta quindi pietate il cor vi tocchi.
   Vedrete qual martir indi mi fiocchi,

vedrete vòte le faretre e piene,
che preste a' danni miei sempre Amor tiene,
quando avien che ver' me l'arco suo scocchi.
  E forse la pietà del mio tormento
vi moverà, dov'or ne gite altero,
non lo vedendo voi, qual io lo sento;
  così penosa io meno, e men voi fiero
ritornerete, e cento volte e cento
benedirete i ciel, che mi vi diêro.

23. [XXIII]

  Grazie, che fate mai sempre soggiorno
negli occhi ch'amo, e quei poi de le prede,
che fan tante di noi, vostra mercede,
fanno il tempio d'Amor ricco et adorno,
  quando scherzate a que' bei rai d'intorno
co' pargoletti Amor, che v'hanno sede,
fate fede a colui de la mia fede,
che 'n tante carte omai celebro ed orno.
  E, se di Grazie avete il nome e l'opra,
fatemi graziosi que' due giri,
ch'a lo splendor del sol stanno di sopra.
  E, poi c'hanno adescato i miei desiri,
fate (così mai morte non li copra)
che non mi lascin preda de' martìri.

24. [XXIV]

  Vengan quante fûr mai lingue ed ingegni,
quanti fûr stili in prosa, e quanti in versi,
e quanti in tempi e paesi diversi
spirti di riverenza e d'onor degni;
  non fia mai che descrivan l'ire e' sdegni,
le noie e i danni, che 'n amor soffersi,
perché nel vero tanti e tali fêrsi,
che passan tutti gli amorosi segni.
  E non fia anche alcun, che possa dire,
anzi adombrar la schiera de' diletti
ch'Amor, la sua mercé, mi fa sentire.
  Voi, ch'ad amar per grazia sète eletti,
non vi dolete dunque di patire;
perché i martir d'Amor son benedetti.

25. [XXV]

  — Trâmi — dico ad Amor talora — omai
fuor de le man di questo crudo ed empio,

che vive del mio danno e del mio scempio,
per chi arsi ed ardo ancor, canto e cantai.
   Poi che con tanti miei tormenti e guai
sua fiera voglia ancor non pago od empio[1],
o di Diana avaro e crudo tempio,
quando del sangue mio sazio sarai? —
   Poi torno a me, e del mio dir mi pento:
sì l'ira, il rimembrar pur lui, mi smorza,
che de' miei non vorrei meno un tormento.
   Con sì nov'arte e con sì nova forza
la bellezza ch'io amo, e ch'io pavento,
ogni senso m'intrica[2], offusca e sforza.

26. [XXVI]

   Arsi, piansi, cantai; piango, ardo e canto;
piangerò, arderò, canterò sempre
(fin che Morte o Fortuna o tempo stempre[1]
a l'ingegno, occhi e cor, stil, foco e pianto)
   la bellezza, il valor e 'l senno a canto,
che 'n vaghe, sagge ed onorate tempre[2]
Amor, natura e studio par che tempre
nel volto, petto e cor del lume santo;
   che, quando viene, e quando parte il sole,
la notte e 'l giorno ognor, la state e 'l verno,
tenebre e luce darmi e tôrmi suole,
   tanto con l'occhio fuor, con l'occhio interno,
agli atti suoi, ai modi, a le parole,
splendor[3], dolcezza e grazia ivi discerno.

27. [XXVII]

   Altri mai foco, stral, prigione o nodo
sì vivo e acuto, e sì aspra e sì stretto
non arse, impiagò, tenne e strinse il petto,
quanto 'l mi' ardente, acuto, acerba e sodo.
   Né qual io moro e nasco, e peno e godo,
mor'altra e nasce, e pena ed ha diletto,
per fermo e vario e bello e crudo aspetto,
che 'n voci e 'n carte spesso accuso e lodo.
   Né fûro ad altrui mai le gioie care,
quanto è a me, quando mi doglio e sfaccio,
mirando a le mie luci or fosche or chiare.
   Mi dorrà sol, se mi trarrà d'impaccio,
fin che potrò e viver ed amare,

lo stral e 'l foco e la prigione e 'l laccio.

28. [XXVIII]

    Quando innanti ai begli occhi[1] almi e lucenti,
per mia rara ventura al mondo, i' vegno,
lo stil, la lingua, l'ardire e l'ingegno,
i pensieri, i concetti e i sentimenti
    o restan tutti oppressi o tutti spenti,
e quasi muta e stupida divegno;
o sia la riverenza, in che li tegno,
o sia che sono in quel bel lume intenti.
    Basta ch'io non so mai formar parola,
sì quel fatale e mio divino aspetto
la forza insieme e l'anima m'invola.
    O mirabil d'Amore e raro effetto,
ch'una sol cosa, una bellezza sola
mi dia la vita, e tolga l'intelletto!

29. [XXIX]

    Mentr'io conto fra me minutamente
le doti del mio conte a parte a parte,
nobiltate, bellezza, ingegno ed arte,
che lo fan chiaro sovra l'altra gente,
    tale e tanto piacer l'anima sente,
che, sendo tutte le sue virtù sparte,
mi meraviglio come non si parte,
volando al ciel per starci eternamente.
    E certo v'anderia, se non temesse
che restasse il suo ben da lei diviso,
e men beato il suo stato rendesse;
    perché 'l suo vero e proprio paradiso,
quello che per bearsi ella si elesse,
è 'l mio dolce signor e 'l suo bel viso.

30. [XXX]

    Fra quell'illustre e nobil compagnia
di grazie, che vi fan, conte, immortale,
s'erge più d'altra e vaga stende l'ale
del canto la dolcissima armonia.
    Quella in noi ogni acerba cura e ria
può render dolce, e far lieve ogni male;
quella, quand'Euro più fiero l'assale,
può render queto il mar turbato pria.
    Il giuoco, il riso, Venere e gli Amori

si veggon l'aere far sereno intorno,
ovunque suoni il dolce accento fuori.
   Ed io, potendo far con voi soggiorno,
a l'armonia di quei celesti cori[1]
poco mi curerei di far ritorno.

31. [XXXI]

   Chi non sa come dolce il cor si fura,
come dolce s'oblia ogni martìre,
come dolce s'acqueta ogni desire,
sì che di nulla più l'alma si cura,
   venga, per sua rarissima ventura,
una sol volta voi, conte, ad udire,
quando solete cantando addolcire
la terra e 'l cielo e ciò che fe' natura.
   Al suon vedrà degli amorosi accenti
farsi l'aere sereno ed arrestare
l'orgoglio, l'acque, le tempeste e i venti.
   E, visto poi quel che potete fare,
crederà ben che tigri, orsi e serpenti
arrestasse anche Orfeo col suo cantare[1].

32. [XXXII]

   Per le saette tue, Amor, ti giuro,
e per la tua possente e sacra face,
che, se ben questa m'arde e 'l cor mi sface,
e quelle mi feriscon, non mi curo;
   quantunque nel passato e nel futuro
qual l'une acute, e qual l'altra vivace,
donne amorose, e prendi qual ti piace,
che sentisser giamai né fian, né fûro[1];
   perché nasce virtù da questa pena,
che 'l senso del dolor vince ed abbaglia,
sì che o non duole, o non si sente appena.
   Quel, che l'anima e 'l corpo mi travaglia,
è la temenza ch'a morir mi mena,
che 'l foco mio non sia foco di paglia[2].

33. [XXXIII]

   Quando sarete mai sazie e satolle
del lungo strazio mio, de le mie pene,
luci, assai più che 'l sol chiare e serene,
ch'ora illustrate il vostro amato colle?
   Quando fia che non sia di pianto molle

il petto mio, ch'a gran pena sostiene
l'anima fuggitiva, or che la spene,
ch'era sì poca, ancora Amor ne tolle?

Quando fia che vi vegga un dì pietose,
e duri la pietà vostra, e non manchi
tosto, come le lievi e frali cose?

O non fia, lassa, mai, o saran bianchi
questi crin prima, e quei sensi amorosi,
accesi or sì, saranno freddi e stanchi.

34. [XXXIV]

Sai tu, perché ti mise in mano, Amore,
gli stral tua madre, ed agli occhi la benda?
Perché quella saetti, impiaghi e fenda
i cor di questo e quel fido amatore;

e con questi non possi veder fuore
de' colpi tuoi la crudeltà stupenda,
sì che pietoso affatto non ti renda,
o almen non tempri l'empio tuo furore.

Che, se vedessi un dì la piaga mia,
o non saresti dio, ma cruda fèra,
o pietoso o men aspro ti faria.

Non vorrei già che tu vedessi in cera
i raggi del mio sol[1]; ché ti parria[2]
forse a l'incontro picciola e leggera.

35. [XXXV]

Accogliete benigni, o colle, o fiume[1],
albergo de le Grazie alme e d'Amore,
quella ch'arde del vostro alto signore,
e vive sol de' raggi del suo lume;

e, se fate ch'amando si consume
men aspramente il mio infiammato core,
pregherò che vi sieno amiche l'ôre[2],
ogni ninfa silvestre ed ogni nume,

e lascerò scolpita in qualche scorza
la memoria di tanta cortesia,
quando di lasciar voi mi sarà forza.

Ma, lassa, io sento che la fiamma mia,
che devrebbe scemar, più si rinforza,
e più ch'altrove qui s'ama e disia.

36. [XXXVI]

Cesare e Ciro, i vostri fidi spegli[1],
in cui mai sempre, signor, vi mirate,

poi ch'a seguir le lor chiare pedate
par che ciascun di lor v'infiammi e svegli,

    perché, sì come è stata questi e quegli
essempio di clemenzia e di pietate,
solo in questa virtù v'allontanate
da que' due chiari ed onorati vegli?

    Perché non sète voi mite e clemente
a me vostra prigion, vostra fattura[2],
come fûr essi a l'acquistata gente?

    Anzi forse voi sète di natura
mite con tutti, e meco solamente
d'aspra e spietata. Oh mia somma sventura!

37. [XXXVII]

    Altero nido[1], ove 'l mio vivo sole
prese da prima il suo terreno incarco;
onde però va più leggero e scarco
di quel che da tutt'altri andar si suole;

    i' vorrei dir, ma non so far parole
di tanti e tanti pregi, onde sei carco;
perché lo stil a l'alta impresa è parco,
e via più a chi t'onora entro e ti cole.

    Perciò mi taccio, e prego 'l ciel che sempre
ti serbi in questo lieto e vago stato,
in queste care e graziose tempre[2];

    e renda ognor più chiaro e più lodato
il tuo signor e mio, e ch'i' mi stempre
sempre nel mio bel foco alto e pregiato.

38. [XXXVIII]

    Qualunque dal mio petto esce sospiro,
ch'escono ad or ad or ardenti e spessi
dal dì che per mio sole gli occhi elessi,
ch'a prima vista a morte mi ferîro,

    vanno verso il bel colle, ove pur miro,
benché lontana, e vanno anche con essi
i miei pensieri e tutti i sensi stessi;
né val s'io li ritengo o li ritiro,

    perché la propria loro e vera stanza
son que' begli occhi e quella alma beltade,
che prima mi destâr la desianza.

    O pur sieno ivi accolti da pietade!
di che non spero, poi che per usanza

vi suol sempre aver luogo crudeltade.

39. [XXXIX]

    Se con tutto il mio studio e tutta l'arte
io non posso accennar pur quanto e quale
è 'l foco mio dal dì che 'l primo strale
m'aventò Amor ne la sinistra parte,
    come volete voi, signor, che ex parte
l'altrui voglie amorose e l'altrui male
con questa forza stanca e così frale
i' dica in vive voci, o scriva in carte?
    Datemi o 'l ciel più stile o voi men pena,
ond'abbia o più vigor o men martìre,
sì che la vostra voglia resti piena.
    E, se ciò non si può, vostro desire
adempiete da voi, ch'avete vena,
stile ed ingegno eguale al vostro dire.

40. [XL]

    Onde, che questo mar[1] turbate spesso,
come turba anco me la gelosia,
venite a starvi meco in compagnia,
poi che mi sète sì care e sì presso:
    così fiero Austro ed Aquilon con esso
men importuno e men crudo vi sia;
così triegua talor Eolo vi dia,
quel ch'a me da l'amor non m'è concesso.
    Lassa, ch'io ho da pianger tanto e tanto,
che l'umor, che per gli occhi verso fore,
è poco o nulla, se fosse altrettanto[2].
    Voi mi darete voi del vostro umore
quanto mi basti a disfogar il pianto,
che si conviene a l'alto mio dolore.

41. [XLI]

    Ahi, se così vi distrignesse il laccio,
come, misera, me strigne ed affrena,
non cerchereste d'una in altra pena
girmi traendo, e d'uno in altro impaccio;
    ma perch' io son di foco e voi di ghiaccio,
voi sète in libertade ed io 'n catena,
i' son di stanca e voi di franca lena,
voi vivete contento ed io mi sfaccio.
    Voi mi ponete leggi, ch'a portarle

non basterian le spalle di Milone[1],
non ch'io debile e fral possa osservarle.

    Seguite, poi che 'l ciel così dispone:
forse ch'un giorno Amor potria mutarle[2];
forse ch'un dì farà la mia ragione[3].

42. [XLII]

    Tu pur mi promettesti amica pace,
Amor, il dì che tua serva divenni,
mostrandomi i begli occhi, i guardi e i cenni,
ove tua madre[1] alberga e si compiace.

    Ed or, quasi signor empio e fallace,
poi ch'una volta il tuo giogo sostenni,
ad or ad or nove saette impenni[2],
ed accendi una ed or un'altra face;

    e mi trafigi e mi consumi il core
col mezzo de l'orgoglio di colui,
che tanto gode, quanto altri si more.

    Così, misera me, tradita fui
giovane incauta, sotto fé d'Amore;
e doler mi vorrei, né so di cui.

43. [XLIII]

    Dura è la stella mia, maggior durezza
è quella del mio conte: egli mi fugge,
i' seguo lui; altri per me si strugge,
i' non posso mirar altra bellezza.

    Odio chi m'ama, ed amo chi mi sprezza;
verso chi m'è umìle il mio cor rugge,
e son umil con chi mia speme adugge[1];
a così stranio cibo ho l'alma avezza.

    Egli ognor dà cagione a novo sdegno,
essi mi cercan dar conforto e pace:
i' lasso questi, ed a quell'un m'attegno.

    Così ne la tua scola, Amor, si face
sempre il contrario di quel ch'egli è degno:
l'umìl si sprezza, e l'empio si compiace.

44. [XLIV]

    Se tu vedessi, o madre degli Amori,
e teco insieme il tuo figlio diletto,
l'accese e vive fiamme del mio petto,
a quali altre fûr mai pari o maggiori;

    se tu vedessi i pelaghi d'umori[1],

che, dapoi che 'l mio cor ti fu soggetto,
mercé del vago e grazioso aspetto,
per questi occhi dolenti verso fuori;

so ch'avresti pietà del mio gran pianto
e de la fiamma mia spietata e ria,
che per sfogar talor descrivo e canto.

Ma voi ferite, e poi fuggite via
più che folgor veloci, ed io fra tanto
resto col pianto e con la fiamma mia.

45. [XLV]

Io vo pur descrivendo d'ora in ora
la beltà vostra e 'l vostro raro ingegno,
e 'l valor d'altro stil, che del mio, degno,
se non quant'ei più d'altro mai v'onora;

né, perch'io m'affatichi, giungo ancora
di tanti pregi vostri al minor segno,
conte, d'ogni virtù nido e sostegno,
senza cui la mia vita morte fôra.

Così, s'io prendo a scriver, il mio foco
è tanto e tal, da ch'egli da voi nasce,
che, s'io ne dico assai, ne dico poco.

Questo e quello il mio cor nutrisce e pasce,
e questo e quel mi dà martìr e gioco:
così fui destinata entro le fasce.

46. [XLVI]

Alto colle, almo fiume[1], ove soggiorno
fan le virtuti e le Grazie e gli Amori,
dal dì che dimostraste al mondo fòri
chi fa me, chi fa lui chiaro et adorno[2],

asserena tu 'l fronte, alza tu 'l corno,
tu con nove acque, e tu con novi fiori,
or che fa, colmo anch'ei di novi onori,
il signor vostro e mio a voi ritorno.

E, poi che fia con voi, per cortesia
oprate sì ch'a me ritorni tosto;
che viver senza lui poco porìa.

Così stia 'l verno a voi sempre discosto,
così Flora e Pomona in compagnia
vi faccian sempre aprile e sempre agosto.

47. [XLVII]

Io son da l'aspettar omai sì stanca,
sì vinta dal dolor e dal disio,

per la sì poca fede e molto oblio
di chi del suo tornar, lassa, mi manca[1],
   che lei, che 'l mondo impalidisce e 'mbianca[2]
con la sua falce e dà l'ultimo fio,
chiamo talor per refrigerio mio,
sì 'l dolor nel mio petto si rinfranca.

   Ed ella si fa sorda al mio chiamare,
schernendo i miei pensier fallaci e folli,
come sta sordo anch'egli al suo tornare.

   Così col pianto, ond'ho gli occhi miei molli,
fo pietose quest'onde e questo mare;
ed ei si vive lieto ne' suoi colli.

48. [XLVIII]

   Come l'augel[1], ch'a Febo è grato tanto,
sovra Meandro[2], ove suol far soggiorno,
quando s'accosta il suo ultimo giorno,
move più dolci le querele e 'l canto,

   tal io, lontana dal bel viso santo,
sovra il superbo d'Adria e ricco corno[3],
morte, téma ed orror avendo intorno,
affino, lassa, le querele e 'l pianto.

   E sono in questo a quell'uccel minore:
che per quella, onde venne, istessa traccia
ritorna a Febo il suo diletto olore[4];

   ed io, perché morendo mi disfaccia,
non pur non torno a star col mio signore,
ma temo che di me tutto gli spiaccia.

49. [XLIX]

   Qual sempre a' miei disir contraria sorte
fra la spiga e la man[1] mi s'è tramessa,
sì che la gioia, che mi fu promessa,
tarda tanto a venir per darmi morte[2]?

   Le mie due vive, due fidate scorte[3],
il signor mio, anzi l'anima stessa,
l'imagin, che nel cor m'è sempre impressa,
perché non batte omai, lassa, a le porte?

   L'alma allargata a questa nova speme,
che ristretta nel duol prendea vigore,
mancherà tosto certo, se non viene.

   E saran de' miracoli d'Amore,
ch'un'ombra breve di sperato bene

tolga altrui vita, e dia vita il dolore.

50. [L]

Poi ch'Amor mi ferì di crude ponte[1],
vostra mercé, qual sète vivo e vero,
v'ho scolpito nel fronte e nel pensiero,
sì che nessun sembiante più s'affronte.

Il viso stesso, il proprio stesso fronte,
il proprio ciglio umilemente altero,
gli occhi stessi, i due sol de l'emispero,
le stesse grazie e le fattezze cónte;

in questo il mio ritratto è dissimìle:
ché, qual mi sète, vi mostra alteretto[2],
là dove sète a tutti gli altri umìle.

Ora, per far ch'anch'io v'abbia perfetto,
per far ch'anch'io pur v'abbia a voi simìle,
emendate anche meco un tal difetto.

51. [LI]

Vieni, Amor, a veder la gloria mia[1],
e poi la tua: ché l'opra de' tuoi strali
ha fatto ambeduo noi chiari, immortali,
ovunque per Amor s'ama e disia.

Chiara fe' me, perché non fui restia
ad accettar i tuoi colpi mortali,
essendo gli occhi, onde fui presa, quali
natura non fe' mai poscia, né pria;

chiaro fe' te, perché a lodarti vegno
quanto più posso in rime ed in parole
con quella, che m'hai dato, vena e ingegno.

Or a te si convien far che quel sole,
che mi desti per guida e per sostegno,
non lasci oscure queste luci e sole.

52. [LII]

Beate luci, or se mi fate guerra
voi, donde può venir sol la mia pace;
se 'l viver mio a voi, luci alme, spiace
e la mia vita in voi solo si serra;

mi converrà (e chi nol crede s'erra)
o viver sempre in guerra aspra e tenace,
o tosto tosto l'anima fugace,
lasciato il corpo, se n'andrà sotterra.

E così rimarrete senza poi

soggetto, ove possiate essercitare
la crudeltate vostra, Amor e voi.

Io ne verrò al fine a guadagnare;
ché, morend'un senza peccati suoi,
felicemente suol al ciel poggiare.

53. [LIII]

Se d'arder e d'amar io non mi stanco,
anzi crescermi ognor questo e quel sento,
e di questo e di quello io non mi pento,
come Amor sa, che mi sta sempre al fianco,

onde avien che la speme ognor vien manco,
da me sparendo come nebbia al vento,
la speme, che 'l mio cor può far contento,
senza cui non si vive, e non vissi anco?

Nel mezzo del mio cor spesso mi dice
un' incognita téma: — O miserella,
non fia 'l tuo stato gran tempo felice;

ché fra non molto porìa sparir quella
luce degli occhi tuoi vera beatrice,
ed ogni gioia tua sparir con ella.

54. [LIV]

Se non temprasse il foco del mio core
l'umor, che verso per gli occhi sì spesso,
io avrei visto già di morte il messo,
e l'alma ad ubidirla uscita fore;

perché la speme omai cede al timore,
ed ogni cosa mia soggiace ad esso,
poi che si vede a mille segni espresso
che chi può farlo vuole il mio dolore.

Dunque, s'io vivo, è mercé del mio pianto;
s'io moro, è colpa de le crude voglie
del mio signor, in vista[1] dolce tanto.

Ei mi legò sì ch'altri non mi scioglie,
ei vuol aver de la mia morte il vanto.
O poco chiare ed onorate spoglie!

55. [LV]

Voi[1], che 'n marmi, in colori, in bronzo, in cera
imitate e vincete la natura,
formando questa e quell'altra figura,
che poi somigli a la sua forma vera,

venite tutti in graziosa schiera

a formar la più bella creatura,
che facesse giamai la prima cura[2],
poi che con le sue man fe' la primiera[3].
  Ritraggete il mio conte, e siavi a mente
qual è dentro ritrarlo, e qual è fore;
sì che a tanta opra non manchi niente.
  Fategli solamente doppio il core,
come vedrete ch'egli ha veramente
il suo e 'l mio, che gli ha donato Amore.

56. [LVI]

  Ritraggete poi me da l'altra parte,
come vedrete ch'io sono in effetto:
viva senz'alma e senza cor[1] nel petto
per miracol d'Amor raro e nov'arte[2];
  quasi nave[3] che vada senza sarte,
senza timon, senza vele e trinchetto,
mirando sempre al lume benedetto
de la sua tramontana, ovunque parte[4].
  Ed avertite che sia 'l mio sembiante
da la parte sinistra afflitto e mesto,
e da la destra allegro e trionfante:
  il mio stato felice vuol dir questo,
or che mi trovo il mio signor davante;
quello, il timor che sarà d'altra presto.

57. [LVII]

  A che, signor, affaticar invano
per ritrarvi e scolpirvi in marmi o in carte,
o gli altri c'hanno fama di quest'arte,
o 'l chiaro Buonaroti, o Tiziano,
  se scolpito qual sète aperto e piano
v'ho nel petto e nel fronte a parte a parte,
sì che l'imagin d'indi unqua non parte,
perché siate voi presso o pur lontano?
  Ma forse voi volete esser ritratto
in sembiante leale e grazioso,
qual sète a tutti in ogn'opra, in ogn'atto;
  dove[1], lassa, ch'a pena dirvel oso,
vi porto impresso, qual vi provo in fatto,
un pochetto incostante e disdegnoso.

58. [LVIII]

  Deh perché non ho io l'ingegno e l'arte
di Lisippo e d'Apelle, onde potessi

il viso, che per sole al mondo elessi,
dipinger e scolpir in qualche parte,

poi che non posso ben ritrarr'in carte,
com'avrian con lo stile ritratto essi,
le mie due stelle, la cui luce impressi
pria sì nel cor, che d'indi non si parte?

Perch'io rimarrei sol con un tormento
d'amar e sospirar, e 'l cor saria
d'ogni altra cura poi pago e contento;

dov'or piango l'acerba pena mia,
e piango ch'atta a pinger non mi sento
al mondo il mio bel sol quanto devria.

59. [LIX]

Quelle lagrime calde e quei sospiri,
che vedete ch'io spargo sì cocenti
da poter arrestar il mar co' venti,
quando avien ch'ei più frema e più s'adiri,

come potete voi coi vostri giri[1]
rimirar non pur queti, ma contenti?
O cor di fère tigri e di serpenti,
che vive sol de' duri miei martìri!

Deh prolungate almen per alcun'ore
questa vostra ostinata dipartita,
fin che m'usi a portar[2] tanto dolore;

perciò ch'a così sùbita sparita
io potrei de la vita restar fuore,
sol per servir a voi da me gradita.

60. [LX]

Quinci Amor, quindi cruda empia Fortuna
m'affligon sì, che non so com'io possa
riparar questa e quell'altra percossa,
che mi dànno a vicenda or l'altro or l'una.

Aer, mar, terra, ciel, sol, stelle e luna,
con quant'ha più ciascuna orgoglio e possa
a danno mio, a mia ruina mossa,
lassa, mi si mostrò fin da la cuna.

E quel ch'è sol il mio fido sostegno,
per accrescermi duol, fra sì brev'ōra
partirassi da me senza ritegno.

Almen venisse acerba morte ancora,
mentr'io dolente mi lamento e sdegno,

da le man di tant'oste[1] a trarmi fòra!

61. [LXI]

Chi mi darà soccorso a l'ora estrema,
che verrà morte a trarmi fuor di vita
tosto, dopo l'acerba dipartita,
onde fin d'ora il cor paventa e trema?

Madre e sorella no, perché la téma
questa e quella a dolersi meco invita,
e poi per prova omai la lor aita
non giova a questa doglia alta e suprema.

E le vostre fidate amiche scorte[1],
che di giovarmi avriano sole il come[2],
saran lontane in quella altera corte.

Dunque i' porrò queste terrene some
senza conforto alcun, se non di morte,
sospirando e chiamando il vostro nome.

62. [LXII]

Or che torna la dolce primavera
a tutto il mondo, a me sola si parte[1];
e va da noi lontana in quella parte[2],
ov'è del sol più fredda assai la sfera.

E que' vermigli e bianchi fior, che 'n schiera
Amor nel viso di sua man comparte[3]
del mio signor, del gran figlio di Marte,
daranno agli occhi miei l'ultima sera,

e fioriranno a gente, ove non fia
chi spiri e viva sol del lor odore,
come fa la penosa vita mia.

O troppo iniquo, e troppo ingiusto Amore,
a comportar che degli amanti stia
sì lontano l'un l'altro il corpo e 'l core[4]!

63. [LXIII]

Questo poco di tempo che m'è dato,
anzi di vita, avanti il partir vostro,
voi devreste, o del mondo unico mostro,
essermi pur ad or ad or a lato;

acciò che poi, essendo dilungato
dal felice e natio terreno nostro,
prenda vigor dal vago avorio ed ostro[1]
il mio poi, senza voi, misero stato.

Perché, se vi partite, ed io non prenda

prima vigor da voi, converrà certo
ch'a morte l'alma subito si renda.

E, dove al monte faticoso ed erto
d'onor poggiate, temo non offenda
questa macchia il candor del vostro merto.

64. [LXIV]

Voi che novellamente, donne, entrate
in questo pien di téma e pien d'errore
largo e profondo pelago d'Amore,
ove già tante navi son spezzate,

siate accorte, e tant'oltra non passate,
che non possiate infine uscirne fore,
né fidate in bonacce o 'n second'ôre[1];
ché come a me vi fian tosto cangiate.

Sia dal mio essempio il vostro legno scorto,
cui ria fortuna allor diede di piglio,
che più sperai esser vicina al porto.

Sovra tutto vi do questo consiglio:
prendete amanti nobili; e conforto
questo vi fia in ogni aspro periglio.

65. [LXV]

Deh, se vi fu giamai dolce e soave
la vostra fidelissima Anassilla[1],
mentre serrata, sì che nullo aprilla,
teneste del suo cor, conte, la chiave;

leggendo in queste carte il lungo e grave
pianto, a cui Amor per voi[2], lassa, sortilla,
mostrar almen di pietà una scintilla,
in premio di sua fé, non vi sia grave.

Accompagnate almen con un sospiro
la schiera immensa de' sospiri suoi,
che mille volte i ciel pietosi udîro.

Così sia sempre Amor benigno a voi,
quanto a lei fu per voi spietato e diro;
così non sia mai cosa che v'annoi[3].

66. [LXVI]

Ricevete cortesi i miei lamenti,
e portateli fide al mio signore,
o di Francia beate e felici ôre,
che godete or de' begli occhi lucenti.

E ditegli con tristi e mesti accenti

che, s'ei non move a dar soccorso al core,
o tornando o scrivendo, fra poche ore
resteran gli occhi miei di luce spenti;

   perché le pene mie molte ed estreme
per questa assenzia omai son giunte in parte,
dove di morte sol si pensa e teme.

   E, s'egli avien che 'ndarno restin sparte
dinanzi a lui le mie voci supreme,
al mio scampo non ho più schermo od arte.

67. [LXVII]

   Chi porterà le mie giuste querele
al mio signor, al gran re franco appresso[1],
d'ogni rara eccellenza essempio espresso
e, fuor ch'a me, a tutti altri fedele?

   Aure de' miei sospir, voi che le vele
de' miei caldi disir gonfiate spesso,
sarete il mio secreto e fido messo,
onde 'l mio stato a lui sol si rivele.

   E, se la lunga e faticosa via
vi sbigottisce, venga con voi anche
la poca e nulla omai speranza mia.

   E, s'egli avien ch'ancor essa si stanche,
quando dinanzi a l'idol nostro fia,
tornate a me, ch'anch'io conven che manche.

68. [LXIX]

   Mentre, signor, a l'alte cose intento,
v'ornate in Francia l'onorata chioma,
come fecer i figli alti di Roma,
figli sol di valor e d'ardimento,

   io qui sovr'Adria[1] piango e mi lamento,
sì da' martìr, sì da' travagli doma,
gravata sì da l'amorosa soma,
che mi veggo morir, e lo consento.

   E duolmi sol che, sì come s'intende
qui 'l suon da noi de' vostri onor, ch'omai
per tutta Italia sì chiaro si stende,

   non s'oda in Francia il suono de' miei lai,
che così spesso il ciel pietoso rende,
e voi pietoso non ha fatto mai.

69. [LXX]

   O ora, o stella dispietata e cruda[1],
ch'io vidi dipartir la gloria mia,

lasciando di beata ch'era pria
la vita mia d'ogni suo bene ignuda!
   Da indi in qua per me si trema e suda,
si piagne, si dispera e si disia:
e sarà meraviglia, se non fia
che morte tosto queste luci chiuda.
   Che, del lor fatal sol restate senza,
altra luce giamai mirar non ponno,
che lor non sembri notte e dipartenza.
   Dunque o lor tosto, Amor, rendi il lor donno[2],
o, per non soffrir più sì dura assenza,
tosto le chiudi in sempiterno sonno.

70. [LXXI]

   Quando più tardi il sole a noi aggiorna,
e quando avien che poi più tardi annotte[1],
quand'ei mostra il crin d'òr, quando la notte
mostra la luna l'argentate corna,
   il mio cor lasso a' suoi sospir ritorna,
a le voci, a le lagrime interrotte;
sì l'ha tutte ad un segno ricondotte
l'assenzia di colui che Francia adorna.
   E sì caldo disio di rivederlo
fra tutt'altri martìr mi preme e punge,
che non so come omai più sostenerlo.
   E duolmi più ch'egli è da me sì lunge,
ch'a poter richiamarlo ed a poterlo
mover a pièta il mio gridar non giunge.

71. [LXXII]

   La mia vita è un mar: l'acqua è 'l mio pianto,
i venti sono l'aure de' sospiri,
la speranza è la nave, i miei desiri
la vela e i remi, che la caccian tanto.
   La tramontana mia è il lume santo
de' miei duo chiari, duo stellanti giri,
a' quai convien ch'ancor lontana i' miri
senza timon, senza nocchier a canto.
   Le perigliose e sùbite tempeste
son le teme e le fredde gelosie,
al dipartirsi tarde, al venir preste.
   Bonacce non vi son, perché dal die
che voi, conte, da me lontan vi feste,

partîr con voi l'ore serene mie.

72. [LXXIII]

Deh foss'io certa almen ch'alcuna volta
voi rivolgeste a me l'alto pensiero,
conte, a cui per mio danno i cieli diêro
si da' lacci d'Amor l'anima sciolta.

L'acerba pena mia nel petto accolta,
l'empia mercé del dispietato arciero,
i sospir, che 'n amor sola mi fêro,
avrian triegua talor o poca o molta.

Ma 'l sentirmi patir carca di fede,
senza mover pietade a chi mi strugge,
a chi contento i miei tormenti vede,

sì le speranze mie tronca et adugge[1],
che, se Dio di rimedio non provede,
l'alma per dipartirsi freme e rugge[2].

73. [LXXIV]

La gran sete amorosa che m'afflige,
la memoria del ben onde son priva,
che mi sta dentro al cor tenace e viva,
sì che null'altra più forte s'affige,

sovra ogni forza mia move et addige[1]
la vena mia per sé muta e restiva,
e fa che 'n queste carte adombri e scriva
quanto aspramente Amor m'arde e trafige.

Chi fa qual noi parlar la muta pica?
chi 'l nero corvo e gli altri muti uccelli?
La brama sol di quel che li nutrica.

Però s'avien ch'io scriva e ch'io favelli,
narrando l'amorosa mia fatica,
non sono io no, son gli occhi vaghi e belli.

74. [LXXV]

Fa' ch'io rivegga, Amor, anzi ch'io moia[1],
gli occhi, che di lontan chiamo e sospiro,
fuor de' quai ciò ch'io veggio e ciò ch'io miro
con questi miei mi par tenebre e noia.

Quante fiamme or vome[2] Etna, arser già Troia
in quell'incendio dispietato e diro,
a petto a le mie fiamme, al mio martiro,
son poco o nulla, anzi son pace e gioia.

E, se 'l sol de le luci mie divine,

chi 'l crederia? tornando non lo smorza,
sento che 'l mio incendio è senza fine.
   Oh mirabil d'Amor e nova forza!
ché dove avien ch'un foco l'altro affine,
qui solo un foco l'altro vince e sforza[3].

75. [LXXVI]

   Quando talor Amor m'assal più forte,
e 'l desir e l'assenzia mi fan guerra,
e questa e quel vorria pormi sotterra,
preda d'oscura e dispietata morte,
   io mi rivolgo a le mie fide scorte[1],
onde, benché lontan, virtù si sferra
tal che la nave mia, che dubbiosa erra,
subito par ch'al lido si riporte;
   sì che quanto ho d'Amor onde mi doglia,
tanto ho onde mi lodi, poi ch'io sento
ch'una sol man mi leghi, una mi scioglia.
   O gioia amara, o mio dolce tormento,
io prego il ciel che mai non mi vi toglia,
e sia 'l mio stato or misero, or contento.

76. [LXXVII]

   O de le mie fatiche alto ritegno[1],
mentre[2] ad Amor ed a Fortuna piacque,
conte gentil, a cui giamai non nacque
bellezza egual, valor, sangue ed ingegno;
   se 'l vostro cor di maggior donna degno
una volta in me sola si compiacque,
se fin gli scogli d'Adria, i lidi e l'acque
san che voi sète il mio solo sostegno,
   perché senza mia colpa e mio difetto,
se non d'esser più ch'altra fida stata,
m'avete tratta fuor del vostro petto?
   Questa è la gioia mia da voi sperata?
è questo quel che voi m'avete detto?
questa è la fé che voi m'avete data?

77. [LXXVIII]

   Gli occhi onde mi legasti, Amor, affrena,
sì che non veggan mai altra bellezza,
altra creanza ed altra gentilezza
di belle donne, onde la Francia è piena;
   acciò che quanto ora è dolce ed amena,

non sia piena di lagrime e d'asprezza
la vita mia, ch'ogn'altra cosa sprezza,
fuor che la luce lor chiara e serena.

 E, s'egli avien che sia lor mostro a sorte
obietto che sia degno esser amato,
ed accenda quel cor tenace e forte,

 ferisci lui col tuo stral impiombato,
o con quel d'oro dona a me la morte[1],
perché viver non voglio in tale stato.

78. [LXXIX]

 La fé, conte, il più caro e ricco pegno
che possa aver illustre cavaliero,
come cangiaste voi presto e leggiero,
fuor che di lei d'ogni virtù sostegno?

 A pena vide voi 'l gallico regno,
che mutaste con lei voglia e pensiero;
ed Anassilla[1] e 'l suo fedele e vero
amor sparîr da voi tutti ad un segno.

 E piaccia pur a lui, che mi governa,
che non sia la cagion di questo oblio
novella fiamma nel cor vostro interna!

 O, se ciò è, acerbo stato mio!
o doglia mia sovra ogni doglia eterna!
o fidanza d'Amor che mi tradìo!

79. [LXXX]

 Prendi, Amor, de' tuoi lacci il più possente[1],
che non abbia né schermo, né difesa,
onde Evadne e Penelope[2] fu presa,
e lega il mio signor novellamente.

 A pena ei fu dagli occhi nostri assente,
per gir a l'alta ed onorata impresa[3],
che, noi scherniti e sua fé vilipesa,
rivolse altrove la superba mente.

 E, quasi in alto pelago sommerso
d'oblivione, a la sua Anassilla
non ha degnato mai scriver un verso.

 O Nerone, o Mezenzio[4], o Mario, o Silla,
chi fu di voi sì crudo e sì perverso,
d'amor gustata pur una scintilla?

80. [LXXXI]

 Questo aspro conte, un cor d'orsa e di tigre[1],
che 'n così vago e mansueto aspetto

per forza di valor e d'intelletto
a la strada di gloria par che migre,
   non so per qual cagion guasti e denigre,
col mancarmi di fé, sì degno effetto,
e l'ali di sua fama col difetto
d'infedeltà renda restive e pigre.
   Almen gli foss'io presso, onde potessi
dimostrargli il suo fallo e 'l dolor mio,
sì che fido e pietoso lo facessi!
   Ma i' son qui, lassa, colma di desio,
e i miei lamenti a l'aure son commessi:
egli in Francia si sta colmo d'oblio.

81. [LXXXII]

   Qui, dove avien che 'l nostro mar ristagne[1],
conte, la vostra misera Anassilla,
quando la luna agghiaccia e 'l sol favilla,
pur voi chiamando, si lamenta ed agne.
   Voi, dove avien che l'Oceano bagne[2],
la notte, il giorno, a l'alba ed a la squilla,
menando vita libera e tranquilla,
mirate lieto il mar e le campagne.
   E sì l'assenza e 'l poco amor v'invola
la memoria di lei, la vostra fede,
che pur non le scrivete una parola.
   O fra tutt'altre mia miseria sola!
o pena mia, ch'ogn'altra pena eccede!
Ciò si comporta, Amor, ne la tua scola?

82. [LXXXIII]

   Oimè, le notti mie colme di gioia,
i dì tranquilli, e la serena vita,
come mi tolse amara dipartita,
e converse il mio stato tutto in noia[1]!
   E perché temo ancor (che più m'annoia)
che la memoria mia sia dipartita
da quel conte crudel, che m'ha ferita,
che mi resta altro omai, se non ch'io moia?
   E vo' morir, ché rimirar d'altrui
quel che fu mio quest'occhi non potranno,
perché mirar non sanno altri che lui.
   Prendano essempio l'altre che verranno
a non mandar tant'oltra i disir sui,

che ritrar non si possan da l'inganno².

83. [LXXXIV]

O sacro, amato e grazioso aspetto,
o più che 'l chiaro sol lucenti lumi,
o sangue illustre, angelici costumi,
o alto ingegno, altissimo intelletto,
 o colmi di prudenzia e di diletto,
d'eloquenza profondi e larghi fiumi,
o finalmente, ond'io più mi consumi,
d'ogni grazia e virtù, conte, ricetto,
 qual contra a' miei disir stella empia e cruda
già mi vi tolse, ed or vi tien discosto
contra la fé che voi mi deste pria?
 O morte dunque queste luci chiuda,
od apritele voi tornando tosto;
perché così non so quel ch'io mi sia.

84. [LXXXV]

Quando talvolta il mio soverchio ardore
m'assale e stringe oltra ogni stil umano,
userei contra me la propria mano,
per finir tanti omai con un dolore.
 Se non che dentro mi ragiona Amore,
il qual giamai da me non è lontano:
— Non por la falce tua ne l'altrui grano:
tu non sei tua, tu sei del tuo signore,
 perché dal dì, ch'a lui ti diedi in preda,
l'anima e 'l corpo, e la morte e la vita
divenne sua, e a lui conven che ceda.
 Sì ch'a far da te stessa dipartita,
senza ch'egli tel dica o tel conceda,
è troppo ingiusta cosa e troppo ardita.

85. [LXXXVI]

Piangete, donne¹, e poi che la mia morte
non move il signor mio crudo e lontano,
voi, che sète di cor dolce ed umano,
aprite di pietade almen le porte.
 Piangete meco la mia acerba sorte,
chiamando Amor, il ciel empio, inumano,
e lei, che mi ferì, spietata mano,
che mi vegga morir e lo comporte.
 E, poi ch'io sarò cenere e favilla,

dica alcuna di voi mesta e pietosa,
sentita del mio foco una scintilla:
   — Sotto quest'aspra pietra giace ascosa
l'infelice e fidissima Anassilla,
raro essempio di fede alta amorosa.

86. [LXXXVII]

Prendi, Amor, i tuoi strali e la tua face,
ch'io ti rinunzio[1] i torti e le fatiche,
le voglie a' propri danni sempre amiche,
la guerra certa e la dubbiosa pace.

Trova un novo soggetto e più capace,
cui 'l tuo foco arda e la tua rete intriche,
ch'io per me non vo' più che mi si diche:
— Questa per altri indarno arde e si sface. —

Io son dal grave essilio tuo tornata,
e son resa a me stessa, e non men pento,
mercé di lui che m'ha la via mostrata.

E ne' miei danni ho pur questo contento,
ch'almen, s'io fui da te sì mal trattata,
alta fu la cagion del mio tormento.

87. [LXXXVIII]

Lassa, chi turba la mia lunga pace?
chi rompe il sonno e l'alta mia quiete?
chi mi stilla nel cor novella sete
di gir seguendo quel che più mi sface?

Tu, Amore, il cui strale e la cui face
ogni contento uman recide e miete,
tu ber mi desti del tuo fiume Lete,
che più mi nòce, quanto più mi piace.

Ahi, quando fia giamai ch'un giorno possa
voler col mio voler, resa a me stessa,
del grave giogo periglioso scossa?

Quando fia mai che la sembianza impressa
dentro a le mie midolle e dentro a l'ossa
mi smaghi[1] Amor, e' miei martìr con essa?

88. [LXXXIX]

Ma che, sciocca, dich'io? perché vaneggio?
perché sì fuggo questo chiaro inganno?
perché sgravarmi da sì util danno,
pronta ne' danni miei, ad Amor chieggio?

Come, fuor di me stessa, non m'aveggio

che quante ebber mai gioie, e quante avranno,
quante fûr donne mai, quante saranno,
co' miei chiari martìr passo e pareggio?

Ché l'arder per cagion alta e gentile
ogni aspra vita fa dolce e beata
più che gioir per cosa abietta e vile.

Ed io ringrazio Amor, che destinata
m'abbia a tal foco, che da Battro a Tile[1]
spero anche un giorno andar chiara e lodata.

89. [XC]

Voi, che per l'amoroso, aspro sentiero,
donne care, com'io, forse passate;
ed avete talor viste e provate
quante pene può dar quel crudo arciero;

dite per cortesia, ma dite il vero,
se quante ne son or, quante son state,
a l'aspre pene mie paragonate,
agguaglian un de' miei martìr intero.

E dite se vedeste mai sembianza
più dolce in vista e più spietata poi
del signor mio, ne l'amorosa stanza[1].

Così talvolta Amor dia tregua a voi,
mentr'ei con questa dura lontananza
sfoga in me tutti ad uno i furor suoi.

90. [XCI]

Novo e raro miracol di natura,
ma non novo né raro a quel signore,
che 'l mondo tutto va chiamando Amore,
che 'l tutto adopra fuor d'ogni misura:

il valor, che degli altri il pregio fura,
del mio signor, che vince ogni valore,
è vinto, lassa, sol dal mio dolore,
dolor, a petto a cui null'altro dura.

Quant'ei tutt'altri cavalieri eccede
in esser bello, nobile ed ardito,
tanto è vinto da me, da la mia fede.

Miracol fuor d'amor[1] mai non udito!
Dolor, che chi nol prova non lo crede!
Lassa, ch'io sola vinco l'infinito!

91. [XCII]

Quasi quercia di monte urtata e scossa
da ogni lato e da contrari venti,

che, sendo or questi or quelli più possenti,
per cader mille volte e mille è mossa,
   la vita mia, questa mia frale possa,
combattuta or da speme or da tormenti,
non sa, lontani i chiari lumi ardenti,
in qual parte piegar omai si possa.
   Or m'affidan le carte[1] del mio bene,
or mi disperan poi l'altrui parole;
ei mi dice: — Io pur vengo; — altri: — Non viene. —
   Sia morte meco almen, più che non suole,
pietosa a trarmi fuor di tante pene,
se non debbo veder tosto il mio sole.

92. [XCIII]

   Qual fuggitiva cerva e miserella,
ch'avendo la saetta nel costato,
seguìta da duo veltri in selva e 'n prato,
fugge la morte che va pur con ella,
   tal io, ferita da l'empie quadrella[1]
del fiero cacciator crudo ed alato[2],
gelosia e disio[3] avendo a lato,
fuggo, e schivar non posso la mia stella.
   La qual mi mena a miserabil morte,
se non ritorna a noi da gente strana[4]
il sol degli occhi miei, che la conforte:
   egli è 'l dittamo[5] mio, egli risana
la piaga mia; e può far la mia sorte,
d'aspra e noiosa, dilettosa e piana.

93. [XCIV]

   A che, conte, assalir chi non repugna[1]?
a che gittar per terra chi si rende[2]?
a che contender con chi non contende?
con chi avete mai sempre fra l'ugna?
   Sapete che co' morti non si pugna;
ché lo splendor d'un cavalier offende,
e 'l vostro più, che l'ali oggimai stende
dove non so s'altrui chiarezza aggiugna.
   Guardate che la fama de le tante
vostre vittorie poi non renda oscura,
signor, quest'una sola, e non ammante[3].
   Io per me stimerei mia gran ventura
l'esser veduta al vostro carro innante[4];

ma voi del vostro onor abiate cura.

94. [XCVI]

Deh perché, com'io son con voi col core,
non vi son, conte, ancor con la persona,
com'io vorrei, tanto 'l disio mi sprona[1],
tanto mi stringe il signor nostro Amore?

Ché, mirando talor l'aspro furore
sovra di voi, quando arde più Bellona[2],
di qualche cavalier, che la corona
cercasse porsi di sì alto onore[3],

vedendo scender qualche colpo crudo,
o pregherei Amor che lo schifassi,
o io del corpo mio li farei scudo.

Ma 'l ciel pur fiero a le mie voglie stassi,
né m'ode, benché 'l duol, che dentro chiudo,
rompa per la pietate i duri sassi[4].

95. [XCVII]

O gran valor d'un cavalier cortese,
d'aver portato fin in Francia il core
d'una giovane incauta, ch'Amore
a lo splendor de' suoi begli occhi prese!

Almen m'aveste le promesse attese[1]
di temprar con due versi il mio dolore,
mentre, signor, a procacciarvi onore
tutte le voglie avete ad una intese.

I' ho pur letto ne l'antiche carte
che non ebber a sdegno i grandi eroi
parimente seguir Venere e Marte.

E del re, che seguite, udito ho poi
che queste cure altamente comparte,
ond'è chiar dagli espèri ai lidi eoi.

96. [XCVIII]

Conte, il vostro valor ben è infinito,
sì che vince qualunque alto valore,
ma verissimamente è via minore
del duol, ch'amando io ho per voi patito.

E, se non s'è fin qui letto et udito
de l'infinito cosa unqua maggiore,
questi sono i miracoli d'Amore,
che vince ciò che 'n cielo è stabilito.

Tempo già fu, che l'alta gioia mia

di gran lunga avanzava anco il mio duolo,
mentre dolce la speme entro fioria:
   or ella è gita, ed ei rimaso è solo,
dal dì che per mia stella acerba e ria
prendeste, ahi lassa! verso Francia il volo.

97. [XCIX]

   Io pur aspetto, e non veggo che giunga
il mio signor o 'l suo fidato messo
al termin che da lui mi fu promesso:
lassa! ché 'l mio piacer troppo s'allunga[1].
   Ond'avien che temenza il cor mi punga,
che qualche intoppo non gli sia successo;
o ch'ei sol pensi in me quanto m'è presso,
e l'assenzia il suo cor da me disgiunga.
   Il che se fosse, io prego morte avara
che venga in vece sua, poi ch'ei non viene,
a trarmi fuor di téma e vita amara.
   Ma, se giusta cagion me lo ritiene,
io prego Amor, ch'ogni fosco rischiara,
ch'apra la via, ond'io vegga il mio bene.

98. [C]

   O beata e dolcissima novella,
o caro annunzio, che mi promettete
che tosto rivedrò le care e liete
luci e la faccia graziosa e bella;
   o mia ventura, o mia propizia stella,
ch'a tanto ben serbata ancor m'avete,
o fede, o speme, ch'a me sempre sète
state compagne in dura, aspra procella;
   o cangiato in un punto viver mio
di mesto in lieto; o queto, almo e sereno
fatto or di verno tenebroso e rio;
   quando potrò giamai lodarvi a pieno?
come dir qual nel cor aggio disio?
di che letizia io l'abbia ingombro e pieno?

99. [CI]

   Con quai degne accoglienze o quai parole
raccorrò io il mio gradito amante,
che torna a me con tante glorie e tante,
quante in un sol non vide forse il sole?
   Qual color or di rose, or di viole

fia 'l mio? qual cor or saldo ed or tremante,
condotta innanzi a quel divin sembiante,
ch'ardir e téma insieme dar mi suole?

Osarò io con queste fide braccia
cingerli il caro collo, ed accostare
la mia tremante a la sua viva faccia?

Lassa, che pur a tanto ben penare
temo che 'l cor di gioia non si sfaccia:
chi l'ha provato se lo può pensare.

100. [CII]

Via da me le tenebre e la nebbia,
che mi son sempre state agli occhi intorno
sei lune e più, che 'n Francia fe' soggiorno
lui, che 'l mio cor, come gli piace, trebbia.

È ben ragion ch'asserenarmi io debbia!
or che 'l mio sol m'ha rimenato il giorno;
or c'han pace le guerre, che d'attorno
mi fûr, qual vide Trasimeno e Trebbia[1].

Sia ogni cosa in me di riso piena,
poi che seco una schiera di diletti
a star meco il mio sol almo rimena.

Sia la mia vita in mille dolci, eletti
piaceri involta, e tutta alma e serena,
e se stessa gioendo ognor diletti.

101. [CIII]

Io benedico, Amor, tutti gli affanni,
tutte l'ingiurie e tutte le fatiche,
tutte le noie novelle ed antiche,
che m'hai fatto provar tante e tanti anni;

benedico le frodi e i tanti inganni,
con che convien che i tuoi seguaci intriche;
poi che tornando le due stelle amiche
m'hanno in un tratto ristorati i danni.

Tutto il passato mal porre in oblio
m'ha fatto la lor viva e nova luce,
ove sol trova pace il mio disio.

Questa[1] per dritta strada mi conduce
su a contemplar le belle cose e Dio,
ferma guida, alta scorta e fida luce.

102. [CIV]

O notte, a me più chiara e più beata
che i più beati giorni ed i più chiari,

notte degna da' primi e da' più rari
ingegni esser, non pur da me, lodata;
   tu de le gioie mie sola sei stata
fida ministra; tu tutti gli amari
de la mia vita hai fatto dolci e cari,
resomi[1] in braccio lui che m'ha legata.
   Sol mi mancò che non divenni allora
la fortunata Alcmena, a cui sté tanto
più de l'usato a ritornar l'aurora[2].
   Pur così bene io non potrò mai tanto
dir di te, notte candida, ch'ancora
da la materia non sia vinto il canto.

103. [CV]

   Son pur questi i begli occhi e quelle, c'hanno
vinto il sol tante volte, alme bellezze;
son pur queste le grazie e le vaghezze
che luce e vita a la mia morte dànno.
   E tuttavia son sì pronte a l'affanno
le voglie mie ed a' tormenti avezze
di tanta assenzia omai, che l'allegrezze
ritornar a star meco più non sanno;
   quasi 'l gran re[1], che di sospetto pieno,
fuggendo il crudo zio, per lunga usanza
si fece natural cibo il veleno.
   Qui fa bisogno, Amor, la tua possanza,
che del primo dolor mi sgombri il seno,
sì che tanta mia gioia or v'abbia stanza.

104. [CVI]

   O diletti d'amor dubbi[1] e fugaci,
o speranza che s'alza e cade spesso,
e nasce e more in un momento istesso;
o poca fede, o poco lunghe paci!
   Quegli, a cui dissi: — Tu solo mi piaci, —
è pur tornato, io l'ho pur sempre presso,
io pur mi specchio[2] e mi compiaccio in esso,
e ne' begli occhi suoi chiari e vivaci;
   e tuttavia nel cor mi rode un verme
di fredda gelosia, freddo timore
di tosto tosto senza lui vederme.
   Rendi tu vana la mia téma, Amore,
tu, che beata e lieta pòi tenerme,

conservandomi fido il mio signore.

105. [CVII]

　Or che ritorna e si rinova l'anno,
passato il verno e la stagion più fresca,
l'amoroso disir mio si rinfresca,
e la mia dolce pena, e 'l dolce affanno.
　E qual i novi umor gravidi fanno
gli arbori, onde lor frutto a suo tempo esca,
tal umor nel mio petto par che cresca,
al qual poi pensier dolci a dietro vanno.
　Ed è ben degno che gioia ed umore,
or ch'egli è meco la mia primavera,
mi rinovelli e mi ridesti Amore.
　Oh pur non giunga a sì bel giorno sera!
oh pur non cangi il bel tempo in orrore,
dipartendo da me l'alma mia sfera!

106. [CIX]

　Gioia somma, infinito, alto diletto,
or che l'amato mio tesoro ho presso,
or che parlo con lui, che 'l miro spesso,
m'ingombrerebbe certamente il petto,
　se 'l cor non mi turbasse un sol sospetto
di tosto tosto rimaner senz'esso,
per quel ch'io veggo a qualche segno espresso,
ché sol apre Amor gli occhi a l'intelletto.
　E, se ciò è, io vo' certo finire
questa misera vita in un momento,
anzi ch'io provi un tanto aspro martìre;
　perché conosco chiaramente e sento
che senza lui mi converria morire,
ch'è l'appoggio, a cui 'l viver mio sostento.

107. [CX]

　Chi può contar il mio felice stato,
l'alta mia gioia e gli alti miei diletti?
O un di que' del ciel angeli eletti,
o altro amante, che l'abbia provato.
　Io mi sto sempre al mio signor a lato,
godo il lampo degli occhi e 'l suon dei detti,
vivomi de' divini alti concetti,
ch'escon da tanto ingegno e sì pregiato.
　Io mi miro sovente il suo bel viso,

e mirando mi par veder insieme
tutta la gloria e 'l ben del paradiso.
  Quel che sol turba in parte la mia speme,
è 'l timor che da me non sia diviso;
che 'l vorrei meco fin a l'ore estreme.

108. [CXI]

  Pommi ove 'l mar irato geme e frange,
ov'ha l'acqua più queta e più tranquilla:
pommi ove 'l sol più arde e più sfavilla,
o dove il ghiaccio altrui trafige ed ange;
  pommi al Tanai[1] gelato, al freddo Gange[2],
ove dolce rugiada e manna stilla,
ove per l'aria empio velen scintilla,
o dove per amor si ride e piange;
  pommi ove 'l crudo Scita ed empio fere,
o dove è queta gente e riposata,
o dove tosto o tardi uom vive e père:
  vivrò qual vissi, e sarò qual son stata,
pur che le fide mie due stelle vere
non rivolgan da me la luce usata.

109. [CXII]

  Se voi poteste, o sol degli occhi miei,
qual sète dentro donno del mio core,
veder coi vostri apertamente fuore[1],
oh me beata quattro volte e sei!
  Voi più sicuro, e queta io più sarei:
voi senza gelosia, senza timore;
io di due sarei scema d'un dolore[2],
e più felicemente ardendo andrei.
  Anzi aperto per voi, lassa, si vede,
più che 'l lume del sol lucido e chiaro,
che dentro e fuori io spiro amor e fede.
  Ma vi mostrate di credenza avaro,
per tôrmi ogni speranza di mercede,
e far il dolce mio viver amaro.

110. [CXIII]

  Deh foss'io almen sicura che lo stato,
dov'or mi trovo, non mancasse presto,
perché, sì come or è[1] lieto ed or mesto,
sarebbe il più felice che sia stato.
  I' ho Amore e 'l mio signor a lato,

e mi consolo or con quello, or con questo;
e, sempre che di loro un m'è molesto,
ricorro a l'altro, che m'è poi pacato.

　S'Amor m'assale con la gelosia,
mi volgo al viso, che 'n sé dentro serra
virtù ch'ogni tormento scaccia via:

　se 'l mio signor mi fa con ira guerra,
viene Amor poi con l'altra compagnia[2],
vera umiltà ch'ogni alto sdegno atterra.

111. [CXIV]

　Mille volte, signor, movo la penna
per mostrar fuor, qual chiudo entro il pensiero,
il valor vostro e 'l bel sembiante altero,
ove Amor e la gloria l'ale impenna;

　ma perché chi cantò Sorga e Gebenna[1],
e seco[2] il gran Virgilio e 'l grande Omero
non basteriano a raccontarne il vero,
ragion ch'io taccia a la memoria accenna.

　Però mi volgo a scriver solamente
l'istoria de le mie gioiose pene
che mi fan singolar fra l'altra gente:

　e come Amor ne' be' vostr'occhi tiene
il seggio suo, e come indi sovente
sì dolce[3] l'alma a tormentar mi viene.

112. [CXV]

　Quelle rime onorate e quell'ingegno,
pari a la beltà vostra e al gran valore,
rivolgete a voi stesso in far onore,
conte, come di lor soggetto degno;

　o trovate di me più altero pegno,
se pur uscir da voi volete fore,
perché a sì larga vena, a tanto umore
son per me troppo frale e secco legno,

　e non ho parte in me d'esser cantata,
se non perch'amo e riverisco voi
oltra ogni umana, oltra ogni forma usata.

　Sì chiara fiamma merta i pregi suoi;
in questa parte io deggio esser cantata
fin ch'io sia viva, eternamente, e poi.

113. [CXVI]

　Lodate i chiari lumi, ove mirando
perdei me stessa, e quel bel viso umano,

da cui vibrò lo stral, mosse la mano
Amor, quando da me mi pose in bando.

Lodate il valor vostro alto e mirando,
ch'al valor d'Alessandro è prossimano[1]:
sallo il gran re[2], sallo il paese strano,
che di voi e di lui vanno parlando.

Lodate il senno, a cui non è simìle
nel bel verde degli anni; e, quel che 'n carte
vedrò famoso, il vostro ingegno e stile.

In me, signor, non è pur una parte,
che non sia tutta indegna e tutta vile,
per cui sì vaghe rime sieno sparte.

114. [CXVII]

A che vergar, signor, carte ed inchiostro
in lodar me, se non ho cosa degna,
onde tant'alto onor mi si convegna;
e, se ho pur niente, è tutto vostro?

Entro i begli occhi, entro l'avorio e l'ostro,
ove Amor tien sua gloriosa insegna,
ove per me trionfa e per voi regna,
quanto scrivo e ragiono mi fu mostro.

Perché ciò che s'onora e 'n me si prezza,
anzi s'io vivo e spiro, è vostro il vanto,
a voi convien, non a la mia bassezza.

Ma voi cercate con sì dolce canto,
lassa, oltra quel che fa vostra bellezza,
d'accrescermi più foco e maggior pianto.

115. [CXVIII]

Bastavan, conte, que' bei lumi, quelli,
ch'al sol raggi, a Ciprigna alma beltate,
ad Amor arme, a me la libertate
furâr[1] da prima che mirai in elli,

a far ch'arda per voi sempre e favelli,
sì che l'intenda la futura etate,
senza cercar con pure rime ornate
d'aggiunger nove al cor piaghe e flagelli.

Ché col vostr'alto procacciarmi onore
si strigneria, se si potesse, il laccio,
s'accresceria, se si potesse, ardore.

Ma di questo e di quel son fuor d'impaccio,
ché quanto arder e strigner puote Amore,

io son stretta per voi, conte, e mi sfaccio².

116. [CXIX]

Io non mi voglio più doler d'Amore,
poi che, quant'ei mi dà doglia e tormento,
tanto il signor, ch'io amo e ch'io pavento,
cerca scrivendo procacciarmi onore.
    O di tutte bellezze e grazie il fiore,
nido di cortesia e d'ardimento,
come posso bramar che resti spento
così famoso e così chiaro ardore?
    Anzi prego che 'l ciel mi doni vita,
sì che, dovunque il sol nasca e tramonte,
sia la mia fiamma entro tai versi udita;
    e dica alcuna, ove d'amor si conte:
— Ben fu la sorte di costei gradita,
scritta e cantata da sì alto conte.

117. [CXX]

Se qualche téma talor non turbasse,
o qualche sdegno, il mio felice stato,
sarebbe il più tranquillo, il più beato
di qualunque altra donna altr'uomo amasse.
    Che, s'avien pur che 'l mio signor mi lasse,
talor a qualche degna opra chiamato,
dentro il mio core e bello ed onorato,
qual egli è meco, il suo sembiante stasse;
    sì che avendo mai sempre in compagnia
tutto quel che più amo e più mi piace,
turbarmi Amor o sorte non poria,
    s'egli, che nel mio pianto si compiace,
con qualche nova e strana fantasia
non turbasse o rompesse la mia pace.

118. [CXXI]

Chi vuol veder l'imagin del valore,
l'albergo de la vera cortesia,
il nido di bellezza e leggiadria,
la stanza de la gloria alta e d'onore,
    venga a veder l'illustre mio signore,
dove si trova ciò che si disia,
fino il mio cor e fino l'alma mia,
che gli diè già, né poi mi rese, Amore.
    Ma, s'ella è donna, non s'affissi molto,

ché resterà subitamente presa
fra mille meraviglie del bel volto.
 Ivi Amor ha la rete sempre tesa,
indi saetta, ed ivi giace occolto,
quando vuol far qualche maggior impresa.

119. [CXXII]

 Quando io movo a mirar fissa ed intenta
le ricchezze e i tesor, ch'Amore e 'l cielo
dentro ne l'alma e fuor nel mortal velo
poser di lui, ch'ogn'altra luce ha spenta,
 resto del mio martìr tanto contenta,
sì paga del mio vivo, ardente zelo,
che la ferita e 'l despietato telo,
che mi trafige il cor, non par che senta.
 Sol mi struggo e mi doglio, quando penso
che da me tosto debba allontanarse
questo d'ogni mia gloria abisso immenso.
 A questo l'alma sol non può quetarse,
a ciò grida ed esclama ogni mio senso:
— O tante indarno mie fatiche sparse!

120. [CXXIII]

 O tante indarno mie fatiche sparse[1],
o tanti indarno miei sparsi sospiri,
o vivo foco, o fé, che, se ben miri,
di tal null'altra mai non alse ed arse[2],
 o carte invan vergate e da vergarse
per lodar quegli ardenti amati giri,
o speranze ministre de' disiri;
a cui premio più degno dovea darse,
 tutte ad un tratto ve ne porta il vento,
poi che da l'empio mio signore stesso
con queste proprie orecchie dir mi sento
 che tanto pensa a me, quanto m'è presso,
e, partendo, si parte in un momento
ogni membranza del mio amor da esso.

121. [CXXIV]

 Signor, io so che 'n me non son più viva,
e veggo omai ch'ancor in voi son morta,
e l'alma, ch'io vi diedi, non sopporta
che stia più meco vostra voglia schiva.
 E questo pianto, che da me deriva,

non so chi 'l mova per l'usata porta,
né chi mova la mano e le sia scorta,
quando avien che di voi talvolta scriva.

    Strano e fiero miracol veramente,
che altri[1] sia viva, e non sia viva, e pèra,
e senta tutto e non senta niente;

    sì che può dirsi la mia forma vera,
da chi ben mira a sì vario accidente,
un'imagine d'Eco e di Chimera[2].

122. [CXXV]

    — Vorrei che mi dicessi un poco, Amore,
c'ho da far io con queste tue sorelle
Temenza e Gelosia? ed ond'è ch'elle
non sanno star se non dentro il mio core?

    Tu hai mille altre donne, che l'ardore
provan, com'io, de l'empie tue facelle:
or manda dunque queste a star con quelle,
fa' ch'un dì n'escan dal mio petto fore.

    — Io ho ben — mi dicei — mille persone
a chi mandarle; ma nessuna d'esse
ha, qual tu, da temer alta cagione.

    Le luci ch'ami son le luci stesse,
che, per dar gelosia e passione
a tutto il mondo, la mia madre elesse.

123. [CXXVI]

    Così m'acqueto di temer contenta,
e di viver d'amara gelosia,
pur che l'amato lume lo consenta,
pur che non spiaccia a lui la pena mia.

    Perch'è più dolce se per lui si stenta,
che gioir per ogn'altro non saria;
ed io per me non fia mai che mi penta
di sì gradita e nobil prigionia;

    perché capir un'alma tanto bene,
senza provarvi qualche cosa aversa,
questa terrena vita non sostiene[1].

    Ed io, che sono in tante pene immersa,
quando avanti il suo raggio almo mi viene,
resto da quel ch'esser solea diversa.

124. [CXXVII]

    Su, speranza, su, fé, prendete l'armi
contra questa crudel nemica mia,

importuna e spietata gelosia,
che cerca quanto può di vita trarmi:
  diasi uscita a' sospir, verghinsi carmi,
sì che si sfoghi tanta pena ria;
trovisi dolce e grata compagnia,
sì che possa il dolor men danno farmi.
  E, se questo non basta, un altro amore
si prenda, e lassi questo onde ora avampo,
e così vinca l'un l'altro dolore.
  Perch'ogni fèra in selva, in prato, in campo
cerca per natural forza e vigore
di tentar ogni via per lo suo scampo.

125. [CXXVIII]

S'io 'l dissi mai, signor, che mi sia tolto
l'arder per voi, com'ardo in fiamma viva;
s'io 'l dissi mai, ch'io resti d'amar priva,
e resti il cor del suo bel laccio sciolto.
  S'io 'l dissi mai, che 'l lume del bel volto,
di cui convien ch'ognor ragioni e scriva,
a la mia luce di tutt'altro schiva
non si mostri giamai poco né molto.
  S'io 'l dissi mai, che gli uomini a vicenda
tutti, e li dèi, fortuna disdegnosa
a mio danno, a ruina ultima accenda.
  Ma s'io nol dissi, e non feci mai cosa
degna del vostro sdegno, omai si renda
la vita mia, qual fu, lieta e gioiosa.

126. [CXXIX]

O mia sventura, o mio perverso fato,
o sentenzia nemica del mio bene,
poi che senza mia colpa mi conviene
portar la pena de l'altrui peccato.
  Quando si vide mai reo condannato
a la morte, a l'essilio, a le catene
per l'altrui fallo e, per maggior sue pene,
senza esser dal suo giudice ascoltato?
  Io griderò, signor, tanto e sì forte,
che, se non li vorrete ascoltar voi,
udranno i gridi miei Amore o Morte;
  e forse alcun pietoso dirà poi:
— Questa locò per sua contraria sorte

in troppo crudo luogo i pensier suoi.

127. [CXXX]

Qual fu di me giamai sotto la luna
donna più sventurata e più confusa,
poi che 'l mio sole, il mio signor m'accusa
di cosa, ov'io non ho già colpa alcuna?

E, per farmi dolente a via più d'una
guisa, non vuol ch'io possa far mia scusa;
vuol ch'io tenga lo stil, la bocca chiusa,
come muto, o fanciul picciolo in cuna.

A qual più sventurato e tristo reo
di non poter usar la sua difesa
sì dura legge al mondo unqua si dèo?

Tal è la fiamma, ond'hai me, Amor, accesa,
tal è il mio fato dispietato e reo,
tal è 'l laccio crudel, con che m'hai presa.

128. [CXXXI]

Poi che da voi, signor, m'è pur vietato
che dir le vere mie ragion non possa,
per consumarmi le midolle e l'ossa
con questo novo strazio e non usato,

fin che spirto avrò in corpo ed alma e fiato,
fin che questa mia lingua averà possa,
griderò sola in qualche speco o fossa
la mia innocenzia e più l'altrui peccato.

E forse ch'averrà quello ch'avenne
de la zampogna di chi vide Mida[1],
che sonò poi quel ch'egli ascoso tenne.

L'innocenzia, signor, troppo in sé fida,
troppo è veloce a metter ale e penne,
e, quanto più la chiude altri, più grida.

129. [CXXXII]

Quando io dimando nel mio pianto Amore[1],
che così male il mio parlar ascolta,
mille fiate il dì, non una volta,
ché mi fere e trafigge a tutte l'ore:

— Come esser può, s'io diedi l'alma e 'l core
al mio signor dal dì ch'a me l'ho tolta,
e se ogni cosa dentro a lui raccolta
è riso e gioia, è scema[2] di dolore,

ch'io senta gelosia fredda e temenza,

e d'allegrezza e gioia resti priva,
s'io vivo in lui, e in me di me son senza?
　— Vo' che tu mora al bene ed al mal viva —
mi risponde egli in ultima sentenza; —
questo ti basti, e questo fa' che scriva.

130. [CXXXIII]

　Così, senza aver vita, vivo in pene,
e, vivendo ov'è gioia, non son lieta;
così fra viva e morta Amor mi tiene,
e vita e morte ad un tempo mi vieta.
　Tal la sua sorte a ognun nascendo viene,
tal fu il mio aspro e mio crudo pianeta[1];
di sì rio frutto in sitibonde arene,
senza mai sparger seme, avien ch'io mieta.
　E s'io voglio per me stessa finire
con la vita i tormenti, non m'è dato,
che senza vita un uom non può colpire.
　Qual fine Amore e 'l ciel m'abbia serbato
io non so, lassa, e non posso ridire;
so ben ch'io sono in un misero stato.

131. [CXXXIV]

　Queste rive[1] ch'amai sì caldamente,
rive sovra tutt'altre alme e beate,
fido albergo di cara libertate,
nido d'illustre e riposata gente,
　chi 'l crederia? mi son novellamente
sì fattamente fuor del cor andate,
che di passar con lor le mie giornate
mi doglio meco e mi pento sovente.
　E tutti i miei disiri e i miei pensieri
mirano a quel bel colle, ove ora stanza
il mio signor e i suoi due lumi alteri.
　Quivi, per acquetar la desianza,
spenderei tutta seco volentieri
questa vita penosa che m'avanza.

132. [CXXXV]

　Quanto è questo fatto ora aspro e selvaggio
di dolce, ch'esser suole, e lieto mare!
Dopo il vostro da noi allontanare
quanta compassion a me propria aggio,
　tanto ho invidia al bel colle, al pino, al faggio,

che gli fanno ombra, al fiume[1], che bagnare
gli suole il piede ed a me, nome dare,
che godono or del vostro vivo raggio.

E, se non che egli è pur quell'il bel nido,
dove nasceste, io pregherei che fesse
il ciel lui ermo, lor secchi e quel torbo[2]:

per questo io resto, e prego voi, o fido
del mio cor speglio, ove mi tergo e forbo[3],
a tornar tosto e serbar le promesse.

133. [CXXXVI]

Chi mi darà di lagrime un gran fonte,
ch'io sfoghi a pieno il mio dolor immenso,
che m'assale e trafige, quando io penso
al poco amor del mio spietato conte?

Tosto che 'l sol degli occhi suoi tramonte
agli occhi miei, a' quali è raro accenso,
tanto ha di me non più memoria o senso,
quanto una tigre del più aspro monte[1].

Ben è 'l mio stato e 'l destìn crudo e fero,
ché tosto che da me vi dipartite,
voi cangiate, signor, luogo e pensiero.

— Io ti scriverò subito — mi dite —
ch'io sarò giunto al loco ove andar chero[2]; —
e poi la vostra fede a me tradite.

134. [CXXXVII]

Prendete il volo tutti in quella parte,
ove sta chi può dar fine a' miei mali
col raggio sol de' lumi suoi fatali,
o sospir, o querele al vento sparte.

E con quanta eloquenzia e con quant'arte
vi detterà colui c'ha face e strali,
dite a la vita mia pietose quali
dì provo, quando egli da noi si parte.

E se con vostri umili modi adorni
potrete far pietoso il vago aspetto,
sì ch'a star oggimai con noi ritorni,

non tornate più voi, ch'io non v'aspetto:
rimanetevi pur in que' soggiorni,
e venga a me con lui gioia e diletto.

135. [CXXXVIII]

Sacro fiume[1] beato, a le cui sponde
scorgi l'antico, vago ed alto colle,

ove nacque la pianta[2] ch'oggi estolle
al ciel i rami e le famose fronde,
   ben fûr le stelle ai tuoi desir seconde,
che 'l sì spesso veder non ti si tolle
e 'l far talor la bella pianta molle,
ch'a me, lassa, sì spesso si nasconde.
   Tu mi dài nome[3], ed io vedrò se 'n carte
posso con le virtù che la mi rende,
al secol, che verrà, famoso farte.
   Oh pur non turbi il ciel, cui sempre offende
la gioia mia, i miei disegni in parte!
Altri ch'ella so ben che non m'intende.

136. [CXXXIX]

   Fiume, che dal mio nome nome prendi[1],
e bagni i piedi a l'alto colle e vago,
ove nacque il famoso ed alto fago,
de le cui fronde alto disio m'accendi,
   tu vedi spesso lui, spesso l'intendi,
e talor rendi la sua bella imago;
ed a me che d'altr'ombra non m'appago,
così sovente, lassa, lo contendi.
   Pur, non ostante che la nobil fronde,
ond'io piansi e cantai con più d'un verso,
la tua mercé, sì spesso lo nasconde,
   prego 'l ciel ch'altra pioggia o nembo avverso
non turbi, Anasso, mai le tue chiar'onde,
se non quel sol che da quest'occhi verso.

137. [CXL]

   O rive, o lidi, che già foste porto
de le dolci amorose mie fatiche,
mentre stavan con noi le luci amiche,
che sempre accese ne l'interno porto,
   quanta mi deste già gioia e conforto,
tanto mi sète ad or ad or nemiche,
poi che 'l mio sol (lassa, convien che 'l diche!)
voi e me ha lasciato a sì gran torto.
   Io cangerei con voi campagne e boschi
e colli e fiumi, là dove dimora
chi partendo lasciò gli occhi miei foschi,
   e di tornar non fa pensier ancora,
non ostante, crudel, che ben conoschi

che, se sta molto, converrà ch'io mora.

138. [CXLI]

Sovente Amor, che mi sta sempre a lato,
mi dice: — Miserella, quale or fia
la vita tua, poi che da te si svia
lui che soleva far lieto il tuo stato? —

Io gli rispondo: — E tu perché mostrato
l'hai a questi occhi, quando 'l vidi pria,
se ne dovea seguir la morte mia,
subito visto e subito rubbato? —

Ond'ei si tace, avvisto del suo fallo,
ed io mi resto preda del mio male:
quanto mesta e dogliosa, il mio cor sallo!

E, perch'io preghi[1], il mio pregar non vale,
per ciò che a chi devrebbe, ed a chi fàllo[2],
o poco o nulla del mio danno cale.

139. [CXLII]

Rimandatemi il cor, empio tiranno[1],
ch'a sì gran torto avete ed istraziate,
e di lui e di me quel proprio fate,
che le tigri e i leon di cerva fanno.

Son passati otto giorni, a me un anno,
ch'io non ho vostre lettere od imbasciate,
contra le fé che voi m'avete date,
o fonte di valor, conte, e d'inganno.

Credete ch'io sia Ercol o Sansone
a poter sostener tanto dolore,
giovane e donna e fuor d'ogni ragione,

massime essendo qui senza 'l mio core
e senza voi a mia difensione,
onde mi suol venir forza e vigore?

140. [CXLIII]

Quando fia mai ch'io vegga un dì pietosi
gli occhi, che per mio mal da prima vidi
in queste rive d'Adria, in questi lidi
dov'Amor mille lacci aveva ascosi?

Quando fia mai che libera dir osi,
dato bando a' miei pianti ed a' miei gridi:
— Or ti conforta, anima cara, or ridi,
or tempo è ben che godi e che riposi? —

Lassa, non so; so ben che ad ora ad ora

ho cercato placar o lui o morte,
e né questa né quello ho mosso ancora.
   Tal è, misera, il fin, tal è la sorte
di chi troppo altamente s'innamora:
donne mie, siate a l'invescarvi[1] accorte.

141. [CXLIV]

   Ricorro a voi, luci beate e dive,
a voi che sète le mie fide scorte,
da poi che 'l cielo, Amor, fortuna e sorte
sono ai soccorsi miei sì tardi e schive.
   Se per me in voi si spera e 'n voi si vive,
come avien che per voi pur si comporte
a star lunge da me quest'ore corte,
che 'l mio ben la pietà vostra prescrive[1]?
   Deh non state oggimai da me più lunge!
Fate che questo breve spazio sia
concesso a me d'avervi sempre presso;
   ché l'ardente disio tanto mi punge,
che certo finirà la vita mia,
se non m'è 'l vagheggiarvi ognor concesso.

142. [CXLV]

   Liete campagne, dolci colli ameni,
verdi prati, alte selve, erbose rive,
serrata valle, ov'or soggiorna e vive
chi può far i miei dì foschi e sereni,
   antri d'ombre amorose e fresche pieni,
ove raggio di sol non è ch'arrive,
vaghi augei, chiari fiumi ed aure estive,
vezzose ninfe, Pan, fauni e sileni,
   o rendetemi tosto il mio signore,
voi che l'avete, o fategli almen cónta
la mia pena e l'acerbo aspro dolore:
   ditegli che la vita mia tramonta,
s'omai fra pochi giorni, anzi poch'ore
il suo raggio a quest'occhi non sormonta[1].

143. [CXLVI]

   Come posso far pace col desio,
o farvi tregua, poi ch'egli pur vuole,
non essendo qui nosco il suo bel sole,
tranquillo porto e sole al viver mio[1]?
   Egli fa giorno al suo colle natio,

come a chi nulla o poco incresce e duole
o 'l morir nostro o 'l pianto o le parole:
lassa, ch' io nacqui sotto destin rio!

   Là dove converrà che tosto ceda
a morte l'alma, o tosto a noi ritorni
la beltà ch'al mio mal non par che creda.

   Tal qui, fra questi d'Adria almi soggiorni,
io misera Anassilla, d'Amor preda,
notte e dì chiamo i miei due lumi adorni.

144. [CXLVII]

   — Or sopra il forte e veloce destriero —
io dico meco — segue lepre o cerva
il mio bel sole, or rapida caterva
d'uccelli con falconi o con sparviero.

   Or assal con lo spiedo il cignal fiero,
quando animoso il suo venir osserva;
or a l'opre di Marte, or di Minerva
rivolge l'alto e saggio suo pensiero.

   Or mangia, or dorme, or leva ed or ragiona,
or vagheggia il suo colle, or con l'umana
sua maniera trattiene ogni persona. —

   Così, signor, bench'io vi sia lontana,
sì fattamente Amor mi punge e sprona,
ch'ogni vostr'opra m'è presente e piana[1].

145. [CXLVIII]

   Se 'l cielo ha qui di noi perpetua cura,
e partisce ad ognun, come conviene,
che maraviglia è, s'a me diede pene,
e mi dié vita dispietata e dura?

   e se 'l mio sol di me poco si cura?
se mi vede morir e lo sostiene?
Ei vince il sol con sue luci serene,
illustre e bel per studio e per natura.

   A lui convien regnare, a me servire,
vil donna e bassa; e parmi ancora troppo
ch'egli non sdegni il mio per lui patire.

   Queste ragioni ed altre insieme aggroppo[1]
meco talor, per dar tregua al martìre
col desir sempre presto e 'l poter zoppo.

146. [CXLIX]

   Sì come tu m'insegni a sospirare,
arder di fiamma tal, che Etna pareggia,

pianger di pianto tal, che se n'aveggia
omai quest'onda e cresca questo mare,
   insegnami anche, Amor, tu che 'l puoi fare
come men duro il mio signor far deggia,
come, quando adivien che pietà chieggia,
possa placarlo al suon del mio pregare.
   Ch'io ti perdono e danni e strazi e torti,
che tu m'hai fatto e fai, tanti e sì gravi,
ch'io non so come il ciel te lo comporti;
   perché non fia più pena che m'aggravi,
pur ch'io faccia pietosi e faccia accorti
gli occhi che del mio cor hanno le chiavi.

147. [CL]

Larghe vene d'umor, vive scintille,
che m'ardete e bagnate in acqua e 'n fiamma,
sì che di me omai non resta dramma,
che non sia tutta pelaghi e faville,
   fate che senta almeno una di mille
aspre mie pene chi mi lava e 'nfiamma[1]
né di foco che m'arda sente squamma[2],
né d'umor goccia che dagli occhi stille.
   — Non son — mi dice Amor — le ragion pari;
egli è nobile e bel, tu brutta e vile;
egli larghi, tu hai li cieli avari.
   Gioia e tormento al merto tuo simìle
convien ch'io doni. — In questi stati vari
io peno, ei gode; Amor segue suo stile.

148. [CLI]

Piangete, donne, e con voi pianga Amore[1],
poi che non piange lui, che m'ha ferita
sì, che l'alma farà tosto partita
da questo corpo tormentato fuore.
   E, se mai da pietoso e gentil core
l'estrema voce altrui fu essaudita,
dapoi ch'io sarò morta e sepelita,
scrivete la cagion del mio dolore:
   «Per amar molto ed esser poco amata
visse e morì infelice, ed or qui giace
la più fidel amante che sia stata.
   Pregale, viator, riposo e pace,
ed impara da lei, sì mal trattata,

a non seguir un cor crudo e fugace».

149. [CLII]

   Io vorrei pur ch'Amor dicesse come
debbo seguirlo, e con qual arte e stile
possa sperar di far chi m'arde umìle
o diporr'io queste amorose some.
   Io ho le forze omai sì fiacche e dome,
sì paventosa son tornata e vile,
che, quasi ad Eco imagine simìle,
di donna serbo sol la voce e 'l nome;
   né, perché le vestigia del mio sole
io segua sempre, come fece anch'ella,
e risponda a l'estreme sue parole,
   posso indur la mia fiera e dura stella
ad oprar sì ch'ei, crudo come suole,
s'arresti al suon di mia stanca favella.

150. [CLIII]

   Se poteste, signor, con l'occhio interno
penetrar i segreti del mio core,
come vedete queste ombre di fuore
apertamente con questo occhio esterno,
   vi vedreste le pene de l'inferno,
un abisso infinito di dolore,
quanta mai gelosia, quanto timore
Amor ha dato o può dar in eterno.
   E vedreste voi stesso seder donno[1]
in mezzo a l'alma, cui tanti tormenti
non han potuto mai cavarvi, o ponno;
   e tutti altri disir vedreste spenti,
od oppressi da grave ed alto sonno,
e sol quei d'aver voi desti ed ardenti.

151. [CLIV]

   Straziami, Amor, se sai, dammi tormento,
tommi pur lui, che vorrei sempre presso,
tommi pur, crudo e disleal, con esso
ogni mia pace ed ogni mio contento,
   fammi pur mesta e lieta in un momento,
dammi più morti con un colpo stesso,
fammi essempio infelice del mio sesso,
che per ciò di seguirti non mi pento.
   Perché, volgendo a quei lumi il pensiero,

che vicini e lontani mi son scorta
per l'aspro, periglioso tuo sentiero,
    move da lor virtù, che 'l cor conforta
sì che, quanto più sei crudele e fiero,
tanto più facilmente ei ti comporta.

152. [CLV]

Due anni e più ha già voltato il cielo,
ch'io restai presa a l'amoroso visco
per una beltà tal, che, dirlo ardisco,
simil mai non si vide in mortal velo:
    per questo io la divolgo, e non la celo,
e non mi pento, anzi glorio e gioisco;
e, se donna giamai gradì, gradisco
questa fiamma amorosa e questo gelo;
    e duolmi sol, se sarà mai quell'ora,
che da me si disciolga e leghi altronde
la beltà ch'ogni cosa arde e inamora.
    E, se Morte a chi prega unqua risponde,
la prego che permetta, anzi ch'io mora,
che non vegga d'altrui l'amata fronde[1].

153. [CLVI]

Mentr'io penso dolente a l'ora breve,
che del suo lume fien mie luci prive,
questi lidi lo sanno e queste rive,
io mi disfaccio com'al sol la neve;
    e quel che par che più m'annoi e aggreve,
è che 'l termine mio tant'oltra arrive,
e che prima di vita non mi prive
morte, a tutt'altri grave, a me sol lieve.
    Ché, s'io morissi innanzi a tanta doglia,
l'anima andrebbe altrove consolata,
lasciando qui la sua terrena spoglia;
    ma fortuna ed Amor m'hanno lasciata,
perché morend'ognora più mi doglia[1],
questa vita penosa che m'è data.

154. [CLVII]

A che pur dir, o mio dolce signore,
ch'esca frutto da me di lode degno,
a che alzarmi a sì gradito segno,
a che scrivendo procacciarmi onore,
    se da quel dì, ch'entrar mi fece Amore

con l'arme de' vostr'occhi entro 'l suo regno,
voi movete lo stil, l'arte, l'ingegno,
sensi, spirti, pensier, voglie, alma e core?

Se da me dunque nasce cosa buona,
è vostra, non è mia: voi mi guidate,
a voi si deve il pregio e la corona.

Voi, non me, da qui indietro omai lodate
di quanto per me s'opra e si ragiona;
che l'ingegno e lo stil, signor, mi date.

155. [CLVIII]

Deh lasciate, signor, le maggior cure
d'ir procacciando in questa età fiorita
con fatiche e periglio de la vita
alti pregi, alti onori, alte venture;

e in questi colli, in queste alme e sicure
valli e campagne, dove Amor n'invita,
viviamo insieme vita alma e gradita,
fin che 'l sol de' nostr'occhi alfin s'oscure.

Perché tante fatiche e tanti stenti
fan la vita più dura, e tanti onori
restan per morte poi subito spenti.

Qui coglieremo a tempo e rose e fiori,
ed erbe e frutti, e con dolci concenti
canterem con gli uccelli i nostri amori.

156. [CLIX]

Quella febre amorosa, che m'atterra
due anni e più, e quel gravoso incarco
ch'io sento, poi ch'Amor mi prese al varco
di duo begli occhi, onde l'uscir mi serra,

potea bastare a farmi andar sotterra,
lasciar lo spirto del suo corpo scarco,
senza voler ch'oltra i suoi strali e l'arco,
altra febre, altro mal mi fesse guerra.

Padre del ciel[1], tu vedi in quante pene
questo misero spirto e questa scorza
a tormentare Amor e febre viene.

Di queste febri o l'una o l'altra smorza,
ché due tanti nemici non sostiene
donna sì frale e di sì poca forza.

157. [CLX]

Care stelle, che tutte insieme insieme
con Cupido e Ciprigna vaghe e pronte

deste il mio cor a quell'altero conte,
che per premio m'ha poi tolto la speme,

poi che vedete ch'ei, che nulla teme,
contra voi, contra me alza la fronte,
vendicate le vostre e le mie onte
con vendette più crude e più supreme.

E questo sia non che 'l mio cor mi renda,
ma mi dia il suo, e rendami la spene,
e così si dia otta per vicenda[1].

Fate che 'n quelle ond'io son or catene
presa e legata, il conte i' leghi e prenda:
questo strazio al superbo si convene.

158. [CLXI]

Verso il bel nido[1], ove restai partendo,
ove vive di me la miglior parte,
quando il sol faticoso torna e parte,
mai sempre l'ale del disir io stendo.

E me ad or ad or biasmo e riprendo,
ch'a star con voi non usai forza ed arte,
sapendo che, da voi stando in disparte,
ben mille volte al dì moro vivendo.

La speme mosse il mio dubbioso piede,
che deveste venir tosto a vedermi,
per arrestar questa fugace vita.

Osservate, signor, la data fede:
fate, venendo, questi lidi, or ermi,
cari e gioiosi, e me lieta e gradita.

159. [CLXII]

Se 'l fin degli occhi miei e del pensiero
è 'l vedervi e di voi pensar, mia vita,
poi l'un mi tolse l'empia dipartita
ch'io fei da voi per non dritto sentiero,

l'imagin del sembiante vostro vero
mi sta sempre nel cor fissa e scolpita,
qual donna in parte, ove sia più gradita
che gemme oriental, oro od impero[1].

Ma, perché l'alma disiosa e vaga,
troppo aggravata d'amorosa sete,
di questo sol rimedio mal s'appaga,

fate le luci mie gioiose e liete,
signor, di vostra vista, e questa piaga

saldate, che voi sol saldar potete.

160. [CLXIII]

Quando mostra a quest'occhi Amor le porte
de l'immensa bellezza ed infinita
de l'unico mio sol, l'alma invaghita
de le sue glorie par che si conforte.

Quando poi mostra a la memoria a sorte
quelle di crudeltà mai non udita,
tutta a l'incontro afflitta e sbigottita
resta preda ed imagine di morte.

E così vita e morte, e gioie e pene,
e temenza e fidanza, e guerra e pace
per le tue mani, Amor, d'un luogo viene.

Né questo vario stato mi dispiace,
sì son dolci i martìri e le catene;
ma temo che sarà breve e fugace.

161. [CLXIV]

Occhi miei lassi[1], non lasciate il pianto,
come non lascian me téma e spavento
di veder tosto a noi rubato e spento
il lume ch'amo e riverisco tanto.

Pregate morte, se si può, fra tanto
che mi venga essa a cavar fuor di stento;
perché morir a un tratto è men tormento,
che viver sempre a mille morti a canto.

Io direi che pregaste prima Amore
che facesse cangiar voglia e pensiero
al nostro crudo e disleal signore;

ma so che saria invan, perché sì fiero,
così indurato ed ostinato core
non ebbe mai illustre cavaliero.

162. [CLXV]

S'una vera e rarissima umiltate,
una fé più che marmo e scoglio salda,
una fiamma ch'abbrucia, non pur scalda,
un non curar de la sua libertate,

un, per piacere a le due luci amate,
aver l'alma al morir ardita e balda,
un liquefarsi come neve in falda[1]
mertan per tempo omai trovar pietate,

io devrei pur sperar d'aprir lo scoglio,

ch'intorno al core ha il mio signor sì sodo,
ch'altrui pregare o strazio anco non franse.
 Ed io ne prego ardente, come soglio,
Amor e lui, che m'hanno stretto il nodo,
e san quanto per me si piange e pianse.

163. [CLXVI]

 Io accuso talora Amor e lui
ch'io amo: Amor, che mi legò sì forte;
lui, che mi può dar vita e dammi morte,
cercando tôrsi a me per darsi altrui;
 ma, meglio avista, poi scuso ambedui,
ed accuso me sol de la mia sorte,
e le mie voglie al voler poco accorte,
ch'io de le pene mie ministra fui.
 Perché, vedendo la mia indegnitade,
devea mirar in men gradito loco,
per poterne sperar maggior pietade.
 Fetonte, Icaro ed io, per poter poco
ed osar molto, in questa e quella etade
restiamo estinti da troppo alto foco.

164. [CLXVII]

 Poi che disia cangiar pensiero e voglia
l'empio signor, ch'onoro ed amo tanto,
senza curar de' fiumi del mio pianto,
e del mancar de la mia frale spoglia,
 io prego morte, che di qua mi toglia,
perché non abbia questo crudo il vanto;
o prego Amor, che mi rallenti[1] alquanto,
poi che de' doni suoi tutta mi spoglia;
 sì che o morta non vegga tanto danno,
o viva e sciolta non lo stimi molto,
allor che gli occhi altro mirar sapranno.
 Dunque o sia falso il mio temere e stolto,
o resti sciolta al rinovar de l'anno,
o queti il corpo in bel marmo sepolto.

165. [CLXVIII]

 Che bella lode, Amor, che ricche spoglie
avrai d'una infiammata giovenetta,
che t'è stata sì fida e sì soggetta,
seguendo più le tue che le sue voglie,
 se per te così tosto si discioglie

da la catena, che l'aveva stretta,
la qual le piace sì, sì le diletta,
ch'a penar dolcemente par l'invoglie?

Non conviene ad un dio l'esser sì lieve[1],
massimamente quando il cangiar stato
non è diletto altrui, ma doglia greve.

Ma tu pur segui il tuo costume usato,
e fai la gioia mia fugace e breve,
ritogliendomi il ben che m'hai donato.

166. [CLXIX]

A che più saettarmi, arcier spietato?
Se tu lo fai per mostrar la tua forza,
io ho già tutto dentro e ne la scorza
questo misero corpo arso e 'mpiagato.

Se tu lo fai per farmi un dì placato
chi la mia libertà mi lega e smorza,
tu speri invan, perché tua poggia ed orza
nulla rileva il suo legno ostinato[1].

Egli si pasce del mio crudo strazio,
quanto è maggior, e de l'aspre mie pene,
non pur che mai ne sia pentito e sazio;

ed in una gran téma mi mantiene
che, fatto d'altra donna, in breve spazio
mi torrà le sue luci alme e serene.

167. [CLXX]

Fammi pur certa, Amor, che non mi toglia
tempo, fortuna, invidia o crudeltade
la mia viva ed angelica beltade,
quella ch'appaga e queta ogni mia voglia;

e dammi quanto sai tormento e doglia:
che tutto mi sarà gioia e pietade;
tommi[1] riposo, tommi libertade,
e, se ti par, tommi anco questa spoglia:

che per certo io morrò lieta e contenta,
morendo sua, pur che non vegga io
ch'ella[2] sia fatta d'altra donna, o senta.

Questa sol téma turba il piacer mio,
questa fa ch'a' miei danni non consenta,
e fa la speme ritrosa al desio.

168. [CLXXI]

Voi potete, signor, ben tôrmi voi[1]
con quel cor d'indurato diamante,

e farvi d'altra donna novo amante:
di che cosa non è, che più m'annoi;
  ma non potete già ritôrmi poi
l'imagin vostra, il vostro almo sembiante,
che giorno e notte mi sta sempre innante,
poi che mi fece Amor de' servi suoi;
  non potete ritôrmi quei desiri,
che m'acceser di voi sì caldamente,
il foco, il pianto, che per gli occhi verso.
  Questi mi fien ne' miei gravi martìri
dolce sostegno, e la memoria ardente
del diletto provato, c'han disperso.

169. [CLXXII]

  S'una candida fede, un cor sincero,
una gran riverenza, una infinita
voglia a servir altrui pronta ed ardita,
un servo grato al suo signor mai fêro,
  devrebbe pur, signor, l'affetto vero
e la mia fede esser da voi gradita,
se i vostri onor più cari che la vita
mi fûr mai sempre, e più ch'oro ed impero[1].
  Ma poi che mia fortuna mi contende[2]
mercé sì giusta, poi che a sì gran torto
a schivo il servir mio da voi si prende,
  ciò ch'a voi piace paziente porto,
sperando pur che Dio, che tutto intende,
vi faccia un dì de la mia fede accorto.

170. [CLXXIII]

  Cantate meco, Progne e Filomena[1],
anzi piangete il mio grave martìre,
or che la primavera e 'l suo fiorire
i miei lamenti e voi, tornando, mena.
  A voi rinova la memoria e pena
de l'onta di Tereo e le giust'ire[2];
a me l'acerbo e crudo dipartire
del mio signore morte empia rimena.
  Dunque, essendo piu fresco il mio dolore,
aitatemi amiche a disfogarlo,
ch'io per me non ho tanto entro vigore.
  E, se piace ad Amor mai di scemarlo,
io piangerò poi 'l vostro a tutte l'ore

con quanto stile ed arte potrò farlo.

171. [CLXXIV]

Una inaudita e nova crudeltate,
un esser al fuggir pronto e leggiero,
un andar troppo di sue doti altero,
un tôrre ad altri la sua libertate,
   un vedermi penar senza pietate,
un aver sempre a' miei danni il pensiero,
un rider di mia morte quando pèro,
un aver voglie ognor fredde e gelate,
   un eterno timor di lontananza,
un verno eterno senza primavera,
un non dar giamai cibo a la speranza
   m'han fatto divenir una Chimera[1],
uno abisso confuso, un mar, ch'avanza
d'onde e tempeste una marina vera[2].

172. [CLXXV]

Quasi uom che rimaner de' tosto senza
il cibo, onde nudrir suol la sua vita,
più dell'usato a prenderne s'aita,
fin che gli è presso posto in sua presenza;
   convien ch'innanzi a l'aspra dipartenza
ch'a sì crudi digiuni l'alma invita,
ella più de l'usato sia nodrita,
per poter poi soffrir sì dura assenza.
   Però, vaghi occhi miei, mirate fiso
più de l'usato, anzi bevete il bene
e 'l bel del vostro amato e caro viso.
   E voi, orecchie, oltra l'usato piene
restate del parlar, ché 'l paradiso
certo armonia più dolce non contiene.

173. [CLXXVI]

Se voi vedete a mille chiari segni
che tanto ho cara, e non più, questa vita,
quant'è con voi, quant'è da voi gradita[1],
ultimo fin de tutti i miei disegni,
   a che pur con nov'arte e novi ingegni
darmi qualche novella aspra ferita,
tramando or questa, or quella dipartita,
quasi ogni pace mia da voi si sdegni?
   Se volete ch'io mora, un colpo solo

m'uccida, sì ch'omai si ponga fine
al dispiacervi, al vivere ed al duolo:
   perché così sta sempre sul confine
di morte l'alma, e mai non prende il volo,
pensando pur a voi, luci divine.

174. [CLXXVII]

   Poi che tu mandi a far tanta dimora,
empia Fortuna, in sì lontan paese
il chiaro e vivo raggio che m'accese,
empia ed aversa a' miei disiri ognora,
   conveniente e giusto e degno fôra
che tu mi fossi almen tanto cortese,
che quest'ore sì brevi avesse spese
qui meco tutte lui che m'innamora:
   sì che 'l cor e gli orecchi e gli occhi insieme
prendesser cibo[1] a sostenermi in vita
quel lungo tempo poi ch'ei fia lontano.
   Ma tu stai dura, ed io mi doglio invano,
dal ciel, da te e poi d'Amor tradita:
però l'alma di ciò sospira e geme.

175. [CLXXVIII]

   Perché mi sii, signor, crudo e selvaggio,
disdegnoso, inumano ed inclemente,
perché abbi vòlto altrove ultimamente
spirto, pensieri, cor, anima e raggio,
   non per questo adivien che 'l foco, ch'aggio
nel petto acceso, si spenga o s'allente;
anzi si fa più vivo e più cocente,
quant'ha da te più strazi e fiero oltraggio.
   Ché, s'io t'amassi come l'altre fanno,
t'amerei solo e seguirei fin tanto
ch'io ne sentissi utile, e non danno;
   ma per ciò ch'amo te, amo quel santo
lume, che gli occhi miei visto prima hanno,
convien ch'io t'ami a l'allegrezza e al pianto.

176. [CLXXIX]

   Meraviglia non è, se 'n uno istante
ritraeste da me pensieri e voglie,
ché vi venne cagion di prender moglie,
e divenir marito, ov'eri[1] amante.
   Nodo e fé, che non è stretto e costante,

per picciola cagion si rompe e scioglie:
la mia fede e 'l mio nodo il vanto[2] toglie
al nodo gordiano[3] ed al diamante.

   Però non fia giamai che sciolga questo
e rompa quella, se non cruda morte,
la qual prego, signor, che venga presto;

   sì ch'io non vegga con le luci scorte[4]
quello ch'or col pensier atro e funesto
mi fa veder la mia spietata sorte.

177. [CLXXX]

   Certo fate gran torto a la mia fede,
conte, sovra ogni fé candida e pura,
a dir che 'n Francia è più salda e più dura
la fé di quelle donne a chi lor crede[1].

   Se, come Amor ch'i pensier dentro vede,
e passa ov'occhio uman non s'assicura,
penetraste anco voi per mia ventura
ove l'imagin vostra altera siede,

   voi la vedreste salda come scoglio,
immobilmente appresso del mio core,
e diporreste meco il vostro orgoglio.

   Ma voi vedete sol quel ch'appar fuore:
per questo io resto, misera, uno scoglio,
e voi credete poco al mio dolore.

178. [CLXXXI]

   Diversi effetti Amor mi fé vedere
poco anzi: or mi pascea di gelosia,
dimostrandomi quanto lieve sia
creder suo quel ch'a molte può piacere:

   or mi pascea di speme e di piacere,
mostrandomi la fé mai sempre pria
salda e costante de la gloria mia,
e le promesse sue secure e vere.

   Per questo or fra tempeste, or fra bonaccia
guidai la barca mia dubbia e sicura,
vedendo Amor or fosco, or chiaro in faccia.

   Or la speranza più non m'assicura,
e la temenza vuol ch'io mi disfaccia.
Dir più non oso, e sallo chi n'ha cura.

179. [CLXXXII]

   La vita fugge[1], ed io pur sospirando
trapasso, lassa, il più degli anni miei,

né di passarli ardendo mi dorrei,
a la cagion de' miei sospir mirando;
   se non che non so punto il come o 'l quando
den le mie gioie dar luogo agli omei;
ché forse a poco a poco m'userei[2]
ad andar le mie pene sopportando.
   Anzi, misera, io so che sarà tosto,
ché per partenza o per cangiar volere
il fin de' miei piacer non è discosto.
   E, perch'Amor mel faccia prevedere,
non è per questo il mio petto disposto
a poter tanta doglia sostenere.

180. [CLXXXIII]

   Deh consolate il cor co' vostri rai
questo almen poco spazio, che m'avanza
de la vostra vicina lontananza[1],
ch'io non vedrò con gli occhi asciutti mai.
   Lasciate i vostri amati colli e gai[2],
a voi sì cara e a me nemica stanza,
colli, c'hanno imparato per usanza
a farmi oltraggio sì sovente omai.
   Già senza voi non fia manco fiorita
la chioma de' bei colli, dov'io forsi
resterò, senza voi, senza la vita.
   Che cosa è, conte, a la pietate opporsi,
se non negare a chi dimanda aita
i suoi pietosi, i suoi dolci soccorsi?

181. [CLXXXIV]

   Io non trovo più rime, onde più possa
lodar vostra beltà, vostro valore,
e contare[1] i tormenti del mio core;
sì cresce a quelli e a me manca la possa.
   E, quasi fiamma che sia dentro mossa,
e non possa sfogar l'incendio fore,
questo interno disio cresce 'l dolore,
e mi consuma le midolle e l'ossa;
   sì che fra tutti i beni e tutti i mali,
ch'Amor suol dar, io ho questo vantaggio
che quanti sien ridir non posso, e quali.
   Dunque, o tu, vivo mio lucente raggio,
dammi vigore, o tu dammi, Amor, l'ali,

ch'io saglia a mostrar fuor quel che 'n cor aggio.

182. [CLXXXV]

Io penso talor meco quanto amaro
fôra il mio stato, se per qualche sdegno,
o per stimarsi il mio signor più degno[1],
mi ritogliesse il suo bel lume e chiaro;

e mi risolvo che 'l vero riparo,
quando ad essaminar ben tutto vegno,
per finire i miei mal tutti ad un segno,
saria di morte il colpo aspro ed avaro.

Ché, s'io restassi in vita, gli occhi e 'l core,
la speranza, il disio mi farian guerra,
che prendon sol da lui[2] ésca e vigore;

dove, s'io fossi morta e posta in terra,
si porria fin ad un tratto al dolore,
ch'è vita morte che più morti atterra[3].

183. [CLXXXVI]

— Che fia di me — dico ad Amor talora, —
poi che del mio signor gli occhi sereni
lasseran questi miei di pianto pieni,
fatto esso d'altri infin a l'ultim'ora?

— Che fia di me — mi rispond'egli allora, —
ch'arco e saette e faci e teme e speni
tengo in quegli occhi, e tutti altri miei beni,
né mai ritrarli io ho potuto ancora?

D'indi soglio infiammar, d'indi ferire;
or, se come tu di', ce li ritoglie,
caduta è la mia gloria e 'l nostro ardire. —

In queste amare e dispietate voglie
restiam noi due, ed ei segue di gire
carco e superbo de le nostre spoglie.

184. [CLXXXVII]

Se gran temenza non tenesse a freno
la mia lingua bramosa e 'l mio disio,
sì ch'io potessi dire al signor mio
come amando e temendo io vengo meno,

io spererei che quel di grazie pieno
viso leggiadro, onde tutt'altro oblio,
quant'è 'l mio stato travagliato e rio,
tanto lo fesse un dì chiaro e sereno;

e quello, onde m'avvinse e strinse, nodo

non cercherebbe, lassa, di slegarlo,
allor che più credea che fosse sodo.

   Ma per troppo timor non oso farlo:
così dentro al mio cor mi struggo e rodo,
e sol con meco e con Amor ne parlo.

185. [CLXXXVIII]

   Quasi vago e purpureo giacinto,
che 'n verde prato, in piaggia aprica e lieta,
crescendo ai raggi del più bel pianeta,
che lo mantien degli onor suoi dipinto,
   subito torna languidetto e vinto,
sì che mai non si vide tanta pièta,
se di veder gli usati rai gli vieta
nube, che 'l sol abbia coperto e cinto;
   tal la mia speme, ch'ognor s'erge e cresce,
dinanzi a' rai de la beltà infinita,
onde ogni sua virtute e vigor esce.
   Ma la ritorna[1] poi fiacca e smarrita
oscura téma, che con lei si mesce,
che la sua luce tosto fia sparita.

186. [CLXXXIX]

   Lassa, in questo fiorito e verde prato
de le delizie mie, fra sì fresca erba,
onde, la tua mercé, vo sì superba,
Amor, poi che 'l mio sol m'hai ritornato,
   per quel ch'a certi segni m'è mostrato,
un empio e venenoso aspe[1] si serba,
per far la vita mia di dolce acerba
e avelenarmi il mio felice stato.
   Il che se de' seguir, prego che priva
mi faccia morte e di vita e di senso,
prima che questa téma giunga a riva;
   perch'a dover provar dolor sì immenso,
assai meglio è morir che restar viva,
se le provate mie doglie compenso[2].

187. [CXC]

   Acconciatevi, spiriti stanchi e frali,
a sostener la perigliosa guerra
e 'l colpo, che fortuna empia disserra,
da noi partendo i lumi miei fatali.
   Quanti avete fin qui tormenti e quali

sofferti, poi che crudo Amor n'atterra,
son sogni ed ombre, a lato a quei che serra
questa seconda assenzia strazi e mali.

   Perché contra il dolor mi fece ardita
un poco di virtù, che aveva allora
che fece il mio signor l'altra partita;

   or, essendo mancata quella ancora,
ed essendo cresciuta la ferita,
altro schermo non ho, se non ch'io mora.

188. [CXCI]

   Comincia, alma infelice, a poco a poco
a ricever di fiera sorte il colpo,
a cui pensando sol mi snervo e spolpo,
ed in guai si converte ogni mio gioco.

   L'alta cagion del nostro chiaro foco
partirà tosto; di che, lassa, io scolpo
Amore, e 'l crudo mio signor incolpo,
sì veloce a cangiar pensier e loco.

   Sì che, quando si parte e torna il sole,
non vegga l'occhio tuo di pianto asciutto,
poi che, dove si può, così si vuole[1];

   ch'un cor saldo e costante vince il tutto,
e morte alfine, o 'l tempo, come suole,
ti trarran fuor di vita e fuor di lutto.

189. [CXCII]

   Amor, lo stato tuo è proprio quale
è una ruota, che mai[1] sempre gira,
e chi v'è suso or canta ed or sospira,
e senza mai fermarsi or scende or sale.

   Or ti chiama fedele, or disleale;
or fa pace con teco, ed or s'adira;
ora ti si dà in preda, or si ritira;
or nel ben teme, ed or spera nel male;

   or s'alza al cielo, or cade ne l'inferno;
or è lunge dal lido, or giunge in porto;
or trema a mezza state, or suda il verno[2].

   Io, lassa me, nel mio maggior conforto
sono assalita d'un sospetto interno,
che mi tien sempre il cor fra vivo e morto.

190. [CXCIII]

   Se quel grave martir che 'l cor m'afflige,
non temprasse talor cortese Amore,

già mi sarei di vita uscita fuore,
e varcato averei Cocito e Stige;

    ma, perché quant'ei più m'ange e trafige,
tanto la gioia poi tempra l'ardore,
tenendo sempre fra due, lassa, il core,
né al sì, né al no l'alma s'affige.

    Così d'ambrosia vivo e di veleno,
né di vita o di morte sta sicura
l'anima, ch'or s'aviva ed or vien meno.

    O strana, o nova, o insolita ventura,
o petto di dolor e noia pieno,
o diletto, o martìr, che poco dura!

191. [CXCIV]

    — Chi darà lena a la tua stanca vita —
talor dentro nel cor mi dice Amore, —
or che chi ti suol dar lena e vigore
s'apparecchia di far da te partita? —

    Pensando a ciò, sì a lagrimar m'invita
questo vero e giustissimo dolore,
che sarei già di vita uscita fore
se non che 'l raggio di chi può[1] m'aita.

    E rimango pregando o lui o Morte:
lui, che non parta, o lei, che a me ne vegna,
sì ch'ei vegga presente tanta pièta.

    Ma al mio gridare e al mio pregar sì forte
di risponder né questa né quel degna,
e la sua aita ognun di lor mi vieta.

192. [CXCV]

    Voi vi partite, conte, ed io, qual soglio,
mi rimango di duol preda e di morte,
e questa o quello ingiurioso e forte[1]
userà contra me l'usato orgoglio.

    Né potrò farmi a' colpi loro scoglio,
non avendo con me chi mi conforte,
il vostro viso e le due fide scorte,
che ne' perigli per iscudo toglio.

    Deh, foss'io certa almen che di due cose
seguisse l'una: o voi tornaste presto,
o fossero anche in voi fiamme amorose!

    Ché mi sarebbe schermo e quello e questo
in far meno l'assenzie mie penose,

e 'l vostro dipartir meno molesto.

193. [CXCVI]

Ecco, Amor, io morrò, perché la vita
si partirà da me, e senza lei
tu sei certo ch'io viver non potrei,
ché saria cosa nova ed inaudita.
 Quanto a me, ne sarò poco pentita,
perché la lunga istoria degli omei,
de' sospir, de' martir, de' dolor miei
sarà per questo mezzo almen finita:
 mi dorrà sol per conto tuo, che poi
non avrai cor sì saldo e sì costante,
dove possi aventar gli strali tuoi;
 e le vittorie tue, le tante e tante
tue glorie perderanno i pregi suoi[1],
al cader di sì fida e salda amante.

194. [CXCVII]

Chi 'l crederia? Felice era il mio stato,
quando a vicenda or doglia ed or diletto,
or téma, or speme m'ingombrava il petto,
e m'era il cielo or chiaro ed or turbato;
 perché questo d'Amor fiorito prato
non è a mio giudicio a pien perfetto,
se non è misto di contrario effetto,
quando la noia fa il piacer più grato.
 Ma or l'ha pieno[1] sì di spine e sterpi
chi lo può fare, e svelti i fiori e l'erba,
che sol v'albergan venenosi serpi.
 O fé cangiata, o mia fortuna acerba!
Tu le speranze mie recidi e sterpi:
la cagion dentro al petto mio si serba.

195. [CXCVIII]

Se soffrir il dolore è l'esser forte[1],
e l'esser forte è virtù bella e rara,
ne la tua corte, Amor, certo s'impara
questa virtù più ch'in ogn'altra corte,
 perché non è chi teco non sopporte
de' dolori e di téme le migliara
per una luce in apparenza chiara,
che poi scure ombre e tenebre n'apporte.
 La continenzia vi s'impara ancora,

perché da quello, onde s'ha più disio,
per riverenza altrui s'astien[2] talora.

   Queste virtuti ed altre ho imparate io
sotto questo signor, che sì s'onora,
e sotto il dolce ed empio signor mio[3].

196. [CXCIX]

   Signor, ite felice ove 'l disio
ad or ad or più chiaro vi richiama
a far volar al ciel la vostra fama,
secura da la morte e da l'oblio;
   ricordatevi sol come rest'io,
solinga tortorella in secca rama,
che senza lui, che sol sospira e brama,
fugge ogni verde pianta e chiaro rio.
   Al mio cor fate cara compagnia,
il vostro ad altra donna non donate,
poi che a me sì fedel nol deste pria[1].
   Sopra tutto tornar vi ricordate,
e, s'avien che fia quando estinta io sia,
de la mia rara fé non vi scordate.

197. [CC]

   Al partir vostro s'è con voi partita
ogni mia gioia ed ogni mia speranza,
l'ardir, la forza, il core e la baldanza,
e poco men che l'anima e la vita:
   e restò sol, più che mai fosse ardita,
l'importuna ed ardente disianza,
la quale in questa vostra lontananza
mi dà, misera me! doglia infinita.
   E, se da voi non vien qualche conforto
o di lettra o di messo o di venire,
certo, signor, il viver mio fia corto;
   perché in amor non è altro il morire,
per quel ch'a mille e mille prove ho scorto,
che aver poca speranza e gran disire.

198. [CCI]

   — È questa quella viva e salda fede,
che promettevi a la tua pastorella,
quando, partendo a la stagion novella,
n'andasti ove 'l gran[1] re gallico siede?
   O di quanto il sol scalda e quanto vede

perfido, ingrato in atto ed in favella;
misera me, che ti divenni ancella
per riportarne sì scarsa mercede! —

   Così l'afflitta e misera Anassilla
lungo i bei lidi d'Adria iva chiamando
il suo pastor, da cui 'l ciel dipartilla;

   e l'acque e l'aure, dolce risonando,
allor che 'l sol più arde e più sfavilla,
i suoi sospir al ciel givan portando.

199. [CCII]

   Poi che per mio destìn volgeste in parte
piedi e voler, onde perdei la spene
di riveder più mai quelle serene
luci, c'ho già lodate in tante carte,

   io mi volsi al gran Sole[1], e con quell'arte
e quella luce, che da lui sol viene,
trassi fuor da le sirti e da l'arene[2]
il legno mio per via di remi e sarte.

   La ragion fu le sarte, e i remi fûro
la volontà, che a l'ira ed a l'orgoglio
d'Amor si fece poi argine e muro.

   Così, senza temer di dar in scoglio,
mi vivo in porto omai queto e sicuro;
d'un sol mi lodo, e di nessun mi doglio.

200. [CCIII]

   Ardente mio disir, a che, pur vago
de' nostri danni, in parte stendi l'ale,
ov'è cui[1] de' miei strazi poco cale,
e del mio trar fuor di quest'occhi un lago?

   Ben si può del mio stato esser presago
il partir de la speme fiacca e frale,
e la memoria, che sì poco assale
quel de le voglie mie tiranno e mago.

   Egli a novi diletti aperto ha 'l seno,
e di me sì fedele ha quella cura,
che di chi non si vede e' si può meno.

   Dunque tu di tornar a me procura,
che 'l turbar la mia pace e 'l mio sereno
è troppo intempestiva cosa e dura.

201. [CCIV]

   Virtuti eccelse e doti illustri e chiare,
ch'alzate al cielo il mio real signore,

sol co' passi di gloria e d'alto onore
già giunto in parte, ove non ha più pare;
   voi, voi sol voglio volgermi ad amare,
temprando il mio focoso e cieco amore,
guidato sol da tenebre ed errore,
ove ambedue potrà forse annoiare.
   Or, racquistato alquanto del mio lume,
potrò specchiarmi in quel bel raggio ardente,
che da prima m'elessi per mio nume;
   e di cibo miglior pascer la mente,
dove io pasceva i sensi per costume
di cosa, che si fugge via repente.

202. [CCV]

Quel disir, che fu già caldo ed ardente
a bellezza seguir fugace e frale,
alta mercé di Dio, prese ha già l'ale,
ed è rivolto a più fido oriente,
   seguendo del mio conte solamente
quella interna bellezza e senza eguale,
che con fortuna non scende e non sale,
e del tempo e d'altrui cura niente.
   Da qui indietro il suo sommo valore,
la cortesia e 'l saggio alto intelletto,
d'alte opre vago e di perpetuo onore,
   saran più degna fiamma del mio petto,
e più degno ricetto del mio core,
e de le rime mie più degno oggetto.

203. [CCVI]

Canta tu, musa mia, non più quel volto,
non più quegli occhi e quell'alme bellezze,
che 'l senso mal accorto par che prezze,
in quest'ombre terrene impresso e involto;
   ma l'alto senno in saggio petto accolto,
mille tesori e mille altre vaghezze
del conte mio, e tante sue grandezze,
ond'oggi il pregio a tutti gli altri ha tolto.
   Or sarà il tuo Castalio e 'l tuo Parnaso
non fumo ed ombra, ma leggiadra schiera
di virtù vere, chiuse in nobil vaso.
   Quest'è via da salir a gloria vera,
questo può farti da l'orto a l'occaso

e di verace onor chiara ed altera.

204. [CCVII]

 Poi che m'hai resa, Amor, la libertade,
mantiemmi in questo dolce e lieto stato,
sì che 'l mio cor sia mio, sì come è stato
ne la mia prima giovenil etade;
 o, se pur vuoi che dietro a le tue strade,
amando, segua il mio costume usato,
fa' ch'io arda di foco più temprato,
e che, s'io ardo, altrui n'abbia pietade;
 perché mi par veder a certi segni,
che ordisci novi lacci e nove faci,
e di ritrarmi al giogo tuo t'ingegni.
 Serbami, Amor, in queste brevi paci,
Amor, che contra me superbo regni,
Amor, che nel mio mal sol ti compiaci.

205. [CCVIII]

 Amor m'ha fatto tal ch'io vivo in foco,
qual nova salamandra[1] al mondo, e quale
l'altro di lei non men stranio animale[2],
che vive e spira nel medesmo loco.
 Le mie delizie son tutte e 'l mio gioco
viver ardendo e non sentire il male[3],
e non curar ch'ei che m'induce a tale
abbia di me pietà molto né poco.
 A pena era anche estinto il primo ardore,
che accese l'altro Amore, a quel ch'io sento
fin qui per prova, più vivo e maggiore.
 Ed io d'arder amando non mi pento,
pur che chi m'ha di novo tolto il core
resti de l'arder mio pago e contento.

206. [CCIX]

 Io non veggio giamai giunger quel giorno[1],
ove nacque Colui che carne prese,
essendo Dio, per scancellar l'offese
del nostro padre[2] al suo Fattor ritorno,
 che non mi risovenga il modo adorno,
col quale, avendo Amor le reti tese
fra due begli occhi ed un riso, mi prese:
occhi, ch'or fan da me lunge soggiorno;
 e de l'antico amor qualche puntura

io non senta al desire ed al cor darmi,
sì fu la piaga mia profonda e dura.

E, se non che ragion pur prende l'armi
e vince il senso, questa acerba cura
sarebbe or tal che non potrebbe aitarmi.

207. [CCX]

Veggio Amor tender l'arco, e novo strale
por ne la corda e saettarmi il core,
e, non ben saldo ancor l'altro dolore,
nova piaga rifarmi e novo male;

e sì il suo foco m'è proprio e fatale,
sì son preda e mancipio[1] ognor d'Amore.
che, perché l'alma vegga il suo migliore[2],
ripararsi da lui né vuol né vale.

Ben è ver che la tela, che m'ordisce,
sempre è di ricco stame; e quindi aviene
che ne' suoi danni il cor père e gioisce;

e 'l ferro è tale, onde a ferirmi or viene,
che si può dir che chi per lui perisce
prova sol una vita e sommo bene.

208. [CCXI]

Qual sagittario, che sia sempre avezzo
trarre ad un segno, e mai colpo non falla,
o da propria vaghezza tratto o dalla
spene c'ha da ritrarne onore e prezzo,

Amor, che nel mio mal mai non è sezzo[1],
torna a ferirmi il cor, né mai si stalla,
e la piaga or risalda apre e rifalla;
né mi val s'io 'l temo o s'io lo sprezzo.

Tanto di me ferir diletto prende,
e tal n'attende e merca onor, ch'omai,
per quel ch'io provo, ad altro non intende.

Il vivo foco, ond'io arsi e cantai
molti anni, a pena è spento, che raccende
d'un altro il cor, che tregua non ha mai.

209. [CCXII]

Che farai, alma? ove volgerai il piede?
qual sentier prenderai, che più ti vaglia?
Tornerai a seguir Amor, che smaglia
ogni lorica[1], quando irato fiede?

o, stanca e sazia de le tante prede

fatte di te ne l'aspra sua battaglia,
t'armerai sì che, perch'ei pur t'assaglia,
non ti vincerà più qual suole e crede?

   Il ritrarsi è sicuro, e 'l contrastare
è glorioso; e l'ésca, che ci mostra,
è tal, che può nocendo anco giovare.

   Non perde e non vince anco uom che non giostra:
in queste imprese perigliose e rare
si potria far maggior la gloria nostra.

210. [CCXIII]

   Un veder tôrsi a poco a poco il core,
misera, e non dolersi de l'offesa;
un veder chiaro la sua fiamma accesa
negli altrui lumi e non fuggir l'ardore;

   un cercar volontario d'uscir fore
de la sua libertà poco anzi resa;
un aver sempre a l'altrui voglia intesa
l'alma vaga e ministra al suo dolore;

   un parer[1] tutto grazia e leggiadria
ciò che si vede in un aspetto umano,
se parli o taccia, o se si mova o stia,

   son le cagion ch'io temo non[2] pian piano
cada nel mar del pianto, ov'era pria,
la vita mia; e prego Dio che 'nvano[3].

211. [CCXIV]

   La piaga, ch'io credea che fosse salda
per la omai molta assenzia e poco amore
di quell'alpestro ed indurato core,
freddo più che di neve fredda falda,

   si desta ad or ad ora e si riscalda,
e gitta ad or ad or sangue ed umore;
sì che l'alma si vive anco in timore,
ch'esser devrebbe omai sicura e balda.

   Né, perché cerchi agiunger novi lacci
al collo mio, so far che molto o poco
quell'antico mio nodo non m'impacci.

   Si suol pur dir che foco scaccia foco;
ma tu, Amor, che 'l mio martìr procacci,
fai che questo in me, lassa, or non ha loco.

212. [CCXV]

   Qual darai fine, Amor, a le mie pene,
se dal cenere estinto d'un ardore

rinasce l'altro, tua mercé, maggiore,
e sì vivace a consumar mi viene?

 Qual ne le più felici e calde arene,
nel nido acceso sol di vario odore,
d'una fenice[1] estinta esce poi fore
un verme, che fenice altra diviene.

 In questo io debbo a' tuoi cortesi strali,
che sempre è degno ed onorato oggetto
quello, onde mi ferisci, onde m'assali.

 Ed ora è tale e tanto e sì perfetto,
ha tante doti a la bellezza eguali,
che arder per lui m'è sommo, alto diletto.

213. [CCXVI]

 D'esser sempre ésca al tuo cocente foco
e sempre segno a' tuoi pungenti strali,
d'esser sempre ministra de' miei mali
ed aver sempre i miei tormenti a gioco,

 io non mi doglio, Amor, molto né poco,
poi che dal dì, che 'l desir prese l'ali,
mi son fatti i martìr propri e fatali,
e libertade in me non ha più loco.

 Pur che tu mi conservi in questo stato,
dov'or m'hai posta, e sotto quel signore,
onde il cor novamente m'hai legato,

 o mi fia dolce, o tornerà minore
quanto son per provar, quanto ho provato
la sua rara bellezza e 'l suo valore[1].

214. [CCXVII]

 A che bramar, signor, che venga manco
quel che avete di me disire e speme,
s'Amor, poi che per lui si spera e teme,
i più giusti di lor[1] non vide unquanco?

 Che vuol dir ch'ogni dì divien più franco
quel che di voi desir m'ingombra e preme[2]?
La speme no, che par ch'ognor si sceme,
vostra mercede, ond'io mi snervo e 'mbianco.

 — Ama chi t'odia — grida da lontano, —
non pur chi t'ama, — il Signor, che la via
ci aperse in croce da salire al cielo.

 Riverite la sua possente mano,
non cercate signor, la morte mia,

ché questo è 'l vero et a Dio caro zelo.

215. [CCXVIII]

Dove volete voi ed in qual parte
voltar speme e disio che più convegna,
se volete, signor, far cosa degna
di quell'amor, ch'io vo spiegando in carte?

Forse a Dio? Già da Dio non si diparte
chi d'Amor segue la felice insegna:
Ei di sua bocca propria pur c'insegna
ad amar lui e 'l prossimo in disparte.

Or, se devete amar, non è via meglio
amar me, che v'adoro e che ho fatto
del vostro vago viso tempio e speglio?

Dunque amate, e servate, amando, il patto
c'ha fatto Cristo; ed amando io vi sveglio
che amiate cor, che ad amar voi sia atto.

216. [CCXIX]

Ben si convien, signor, che l'aureo dardo[1]
Amor v'abbia aventato in mezzo il petto,
rotto quel duro e quel gelato affetto,
tanto a le fiamme sue ritroso e tardo,

avendo a me col vostro dolce sguardo,
onde piove disir, gioia e diletto,
l'alma impiagata e 'l cor legato e stretto
oltra misura, onde mi struggo ed ardo.

Men dunque acerbo de' parer a vui
esser nel laccio aviluppato e preso,
ov'io sì stretta ancor legata fui.

Zelo d'ardente caritate acceso
esser conviene eguale omai fra nui
nel nostro dolce ed amoroso peso

217. [CCXX]

Signor, poi che m'avete il collo avinto
di sì tenace nodo e così forte,
poi che a me piace, ed Amor vuol ch'io porte
nel cor voi solo e nullo altro dipinto,

a voi convien per quel gentil instinto,
che natura e virtù v'han dato in sorte,
volger pietoso le due fide scorte,
verso chi di suo grado avete vinto.

Carità, pace, fede ed umiltate

sian le nostr'armi, onde si meni vita
rado[1] o non mai menata in altra etate.

E sia chi dica: — O coppia alma e gradita,
ben avesti le stelle amiche e grate,
sì dolcemente in un voler unita!

218. [CCXXI]

A mezzo il mare, ch'io varcai tre anni
fra dubbi venti, ed era quasi in porto,
m'ha ricondotta Amor, che a sì gran torto
è ne' travagli miei pronto e ne' danni;

e per doppiare a' miei disiri i vanni[1]
un sì chiaro oriente agli occhi ha pòrto,
che, rimirando lui, prendo conforto,
e par che manco il travagliar m'affanni.

Un foco eguale al primo foco io sento,
e, se in sì poco spazio questo è tale,
che de l'altro non sia maggior, pavento.

Ma che poss'io, se m'è l'arder fatale,
se volontariamente andar consento
d'un foco in altro, e d'un in altro male?

Note

1. 1. *Voi ch'ascoltate*: cfr. Petrarca *Voi ch'ascoltate in rime sparse 'l suono* (*Rerum vulgarium fragmenta* [*R.V.F.*], I, 1). – 2. *gloria... perdono*: un altro calco petrarchesco, sempre dal sonetto iniziale del *Canzoniere*: «spero trovar pietà non che perdono» (v. 8).
2. 1. *il dì... fore*: il giorno di Natale. La Stampa riecheggia, ma in situazione profondamente diversa, l'apertura del terzo sonetto dei *RVF*: «Era il giorno ch'al sol si scoloraro». – 2. *quanto 'l sol giri e guardi*: in tutto l'universo.
3. 1. *il gioco ascreo*: il monte Elicona, sacro alle Muse; alle sue falde, in Beozia, era la città di Ascra patria del poeta Esiodo. – 2. *il mio verde... colle*: il conte Collatino di Collalto. La metafora tornerà a più riprese nel canzoniere, a partire dal sonetto 10. – 3. *la vena adombra*: delinea la mia ispirazione poetica.
4. 1. *concetto*: concepito.
5. 1. *l'armonia... Delo*: la musica divina. Apollo, venerato a Delo, è il dio della musica. – 2. *in questo stato*: in questa condizione felice, per la ricchezza interiore e l'orgoglio (v. 14) di un amore corrisposto. – 3. *spogliata me*: dopo avermi spogliata.
9. 1. *ove non è chi intenda*: quando non ci sarà nessuno ad ascoltarvi.
10. 1. *Alto colle*: cfr. nota 2 di 3. – 2. *a Rodano e a Garorna*: in Francia, dove in quel tempo si trovava il conte, al servizio di Enrico II.
11. 1. *Arbor felice*: l'albero genealogico della famiglia dei da Collalto. – 2. *i duo rami*: Collatino e Vinciguerra II. – 3. *raro*: raramente. – 4. *ai grandi Scipi*: a P. Cornelio Scipione e al figlio adottivo P. Cornelio Emiliano, ambedue famosi condottieri.
12. 1. *scolto*: scolpito. – 2. *Adria*: Venezia e i suoi possessi in terraferma.
13. 1. *Chi darà... colomba*: il verso ricalca il petrarchesco «mi darà penne in guisa di colomba» (*RVF*, LXXXI, 13). – 2. *fromba*: sasso lanciato da una fionda.
14. 1. *incarco*: affronto, offesa.
15. 1. *Voi*: i poeti del cenacolo veneziano, cui la Stampa suggerisce di cantare gli onori e le grazie del suo signore.
16. 1. *la mia gloria vera*: il conte. – 2. *di far beata... pèra*: di rendere una donna felice, anche se per amore muore.
17. 1. *pieni*: totalmente soddisfatti. – 2. *l'alto Sire*: Dio. – 3. *capire*: essere contenuti, concepiti.
18. 1. *il mio bel raggio*: Collatino (che al v. 9 è indicato come «il mio sol»). – 2. *quando... viaggio*: «l'antinomia implicita tra *dimora* e *viaggio*, quando invece si sarebbe trattato di stabilire un parallelo, non consente un'espressione troppo felice» (Baldelli). – 3. *ancora*: va con *erba*: anche l'erba. – 4. *l'altro*: l'altro sole, quello reale. – 5. *lucido oriente*: il nesso, petrarchesco «l'odorifero e lucido oriente» (*RVF* CCCXXXVII, 2) e bembiano «Ne l'odorato e lucido oriente» (*Stanze* I, 1), era sempre stato usato per un'indicazione reale e non metaforica.
20. 1. *cervier... mago*: occhio di lince, dai poteri magici (la lince dava la caccia ai cervi). – 2. *gli occhi fatali*: è soggetto.
25. 1. *empio*: sazio, soddisfo. – 2. *m'intrica*: mi frastorna, mi confonde.
26. 1. *stempre a*: distrugga. – 2. *tempre*: maniere. – 3. *splendor*: va con *tanto* del v. 11.
28. 1. *Quando... occhi*: «Non è necessario pensare alla famosa ode di Saffo o alle sue altrettanto note traduzioni latine o volgari» (Baldelli).
30. 1. *a l'armonia... core*: si riferisce alla situazione accennata nel sonetto precedente (vv. 5-8).

31. 1. *crederà ben... cantare*: potrà anche credere bene che Orfeo (come afferma la leggenda) ammansisse col suo canto tigri, orsi e serpenti.
32. 1. *quantunque... furo*: sebbene in passato e in futuro non ci furono né ci saranno donne innamorate, qualunque tu prenda ad esempio, che sentissero le une (*le saette*) tanto acute e l'altra (*la face*) tanto viva (come quelle che mi tormentano). – 2. *che 'l foco... paglia*: che la mia passione e la mia pena d'amore abbiano breve durata. Ovviamente, non per colpa di lei, ma per la freddezza di lui, come è chiarito nel sonetto che segue (vv. 9-14).
34. 1. *in cera... sol*: gli effetti devastanti di Amore, simili a quelli del sole sulla cera. – 2. *ti parrìa*: il soggetto sottinteso è *la piaga mia*.
35. 1. *o colle, o fiume*: del paese natale di Collatino, dove si è recata (cfr. anche il sonetto 37). – 2. *ôre*: aure.
36. 1. *spegli*: specchi, nel senso di modelli alla cui immagine vuole rifarsi il Collalto. – 2. *fattura*: creatura.
37. 1. *altero nido*: il paese natale, la famiglia. – 2. *tempre*: qualità o condizioni climatiche.
40. 1. *questo mar*: l'Adriatico. – 2. *altrettanto*: «quanta è l'acqua del mare» (Baldacci).
41. 1. *Milone*: l'atleta di Crotone, famoso per la sua forza: era capace di caricarsi un toro sulle spalle e ucciderlo con un pugno. – 2. *mutarle*: le leggi del v. 9. – 3. *farà la mia ragione*: mi vendicherà.
42. 1. *tua madre*: Venere, la dea della bellezza. – 2. *impenni*: ti appresti a scoccare.
43. 1. *adugge*: intristisce, inaridisce.
44. 1. *pelaghi d'umori*: si noti il barocchismo dell'iperbole.
46. 1. *Alto colle, almo fiume*: del paese natale del conte. – 2. *dal dì... adorno*: dal giorno in cui nacque (in cui il colle e il fiume mostrarono al mondo) colui che rende famosa me e più leggiadro il mondo.
47. 1. *mi manca*: viene meno alla promessa fattami. – 2. *'mbianca*: fa impallidire, diffondendo il suo pallore su tutto.
48. 1. *l'augel*: il cigno, gradito ad Apollo per la dolcezza del canto soprattutto in punto di morte. – 2. *Meandro*: fiume della Lidia, popolato da molti cigni. – 3. *sovra... corno*: nella parte più ricca del Veneto. – 4. *per quella... olore*: il cigno (*olore*, latinismo) diletto, dopo la morte torna ripercorrendo lo stesso cammino (*traccia*) dal suo amato Apollo.
49. 1. *fra la spiga e la man*: fra il frutto sperato, da cogliere, e la mano che lo deve prendere. È un calco petrarchesco, qui inopportuno. Si pensi al contesto di *RVF* (LVI, 5-8): «Qual ombra è sì crudel che 'l seme adugge, / ch'al disïato frutto era sì presso? / et dentro dal mio ovil qual fera rugge? / tra la spiga e la man qual muro è messo?». – 2. *per darmi morte*: per cui, cosicché mi dà morte. – 3. *scorte*: gli occhi dell'amato.
50. 1. *ponte*: punte. – 2. *alteretto*: alquanto superbo, altezzoso, «un pochetto incostante e disdegnoso» (è detto in 57, 8).
51. 1. *Vieni... mio*: È uno dei tre sonetti che furono pubblicati mentre la Stampa era in vita. Gli altri due sono il 69 e il 74. Il verso iniziale si ispira al petrarchesco (*RVF*, CXCII, 1) «Stiamo, amore, a veder la gloria nostra».
54. 1. *in vista*: all'apparenza, per quel che dà da vedere.
55. 1. *Voi*: gli artisti, pittori e scultori specializzati in ritratti. Agli stessi è dedicato anche il sonetto seguente. – 2. *la prima cura*: Dio. – 3. *la primiera*: la prima creatura.
56. 1. *viva... senza cor*: «è un miracolo d'amore tra i più frequenti nella trattatistica platonica del Quattro e del Cinquecento» (Baldacci). – 2. *arte*: artificio. – 3. *quasi nave*: la metafora della nave a simboleggiare la vita è petrarchesca (*RVF*, CLXXXIX). Si vedano anche i sonetti 64 e 71. – 4. *ovunque parte*: in qualsiasi direzione vada.
57. 1. *dove*: laddove, mentre.
59. 1. *giri*: occhi. – 2. *m'usi a portar*: mi abitui a sopportare.
60. 1. *tant'oste*: così grandi nemici.
61. 1. *le vostre fidate amiche scorte*: gli occhi di Collatino. – 2. *il come*: il modo.
62. 1. *a me sola si parte*: soltanto da me si allontana (la primavera). – 2. *in quella parte*: in Francia. – 3. *comparte*: distribuisce. – 4. *a comportar... core*: «a permettere che stiano così lontano il corpo e il cuore degli amanti» (Ceriello).
63. 1. *vago avorio ed ostro*: sono i colori del volto dell'amato, il bianco e il rosso «que' vermigli e bianchi fior, che 'n schiera / Amor nel viso di sua man comparte / del mio signor» del sonetto precedente.

64. 1. *in second'òre*: in venti (aure) favorevoli.
65. 1. *Anassilla*: lo pseudonimo (ricorrente in 78, 79, 81, 85, 132, 135, 136, 143) trae origine da *Anaxum*, il nome latino del Piave, il fiume che scorreva vicino al Castello di Collalto. La poetessa voleva così indicare che «come il fiume vagheggia il castello, così essa il conte» (Baldelli). – 2. *per voi*: per causa vostra. – 3. *annoi* rechi danno.
67. 1. *al gran... appresso*: al seguito di Enrico II.
68. 1. *sovr'Adria*: nei pressi dell'Adriatico, nel territorio veneto.
69. 1. *O ora... cruda*: cfr. nota 1 di 51. – 2. *donno*: signore (latino *dominus*).
70. 1. *Quando... annotte*: Per tutto il giorno, cioè da quando il sole sorge troppo tardi (per chi ha passato una notte inquieta) a quando fa notte, ancora troppo tardi (per chi anela a porre fine a un giorno doloroso e interminabile).
72. 1. *adugge*: inaridisce. – 2. *freme e rugge*: si notino i due termini che non figurano nel lessico petrarchesco.
73. 1. *addige*: accende, incita (il termine non è attestato dal Battaglia nel *Grande Dizionario della Lingua italiana*).
74. 1. *Fa'... moia*: cfr. nota 1 di 51. – 2. - *vome*: vomita. – 3. *dove... sforza*: mentre generalmente avviene che un fuoco rende più forte un altro fuoco, qui, nel prodigio d'amore, un fuoco (gli occhi dell'amato) spegne l'altro.
75. 1. *le mie fide scorte*: gli occhi di Collatino (come al solito).
76. 1. *ritegno*: sostegno. – 2. *mentre*: finché, per tutto il tempo che.
77. 1. *ferisci... morte*: cfr. Petrarca, *RVF*, CCVI, 11.
78. 1. *Anassilla*: cfr. la n. 1 di 65.
79. 1. *de' tuoi lacci il più possente*: l'espressione, come evidenzia il Baldacci, è petrarchesca (*RFV*, CXCVI, 13) ma il contesto è profondamente diverso: «e strinse [il tempo] 'l cor d'un laccio sì possente / che Morte sola fia ch'indi lo snodi». La Stampa ha alleggerito, impoverendola, un'immagine altamente drammatica. – 2. *Evadne e Penelope*: due eroine tenaci e costanti nella fedeltà all'uomo amato: Evadne si gettò nel rogo su cui ardeva il marito Capaneo; Penelope, fedele ad Ulisse, respinse le pretese dei Proci. – 3. *l'alta... impresa*: la guerra in Francia. – 4. *Mezenzio*: crudele tiranno di Cere, e personaggio malvagio dell'*Eneide*.
80. 1. *Questo... tigre*: questo aspro conte, dal cuore crudele come quello d'un'orsa o di una tigre.
81. 1. *dove avien... ristagne*: nella laguna. – 2. *dove... bagne*: in riva all'Atlantico.
82. 1. *noia*: dolore. – 2. *a non mandar... l'inganno*: concetto analogo in 64, 5-6 (*i disir sui*: i loro desideri d'amore).
85. 1. *Piangete, donne*: l'esortazione è ripresa dal petrarchesco (*RFV*, XCII) «Piangete, donne, et con voi pianga Amore» dedicato alla morte di Cino da Pistoia. L'intero verso tornerà più avanti, in 148.
86. 1. *ti rinunzio*: rinnego.
87. 1. *smaghi*: attenui, renda meno incisiva.
88. 1. *da Battro a Tile*: da oriente (Battriana è la Persia) all'estremo settentrione (Thule designa un'isola settentrionale, forse l'Islanda).
89. 1. *ne l'amorosa stanza*: «come dire nella reggia d'Amore» (Baldacci).
90. 1. *fuor d'amor*: fuori del regno, dell'esperienza, d'amore.
91. 1. *m'affidan le carte*: mi danno fiducia le lettere.
92. 1. *quadrella*: frecce. – 2. *fiero... alato*: il feroce e crudele cacciatore alato è Amore. – 3. *gelosia e disio*: sono i due *veltri*, i due cani da caccia di cui al v. 3. – 4. *strana*: straniera. – 5. *dittamo*: pianta che, secondo gli antichi, aveva la virtù di guarire le piaghe.
93. 1. *repugna*: fa resistenza. – 2. *si rende*: si arrende. – 3. *ammante*: oscuri. – 4. *al vostro carro innante*: come prigioniera esibita in cerimonie trionfali.
94. 1. *'l disio mi sprona*: cfr. *RVF*, CLI, 4: «il gran disìo mi sprona e 'nchina». – 2. *Bellona*: la dea della guerra. – 3. *sì alto onore*: di avervi colpito. – 4. *rompa... sassi*: «devrian de la pietà romper un sasso» (Petrarca, *RVF*, CCXCIV, 7).
95. 1. *attese*: adempiute.
97. 1. *s'allunga*: si dilaziona, si rimanda di giorno in giorno.
100. 1. *Trasimeno e Trebbia*: i luoghi delle sconfitte subite dai Romani durante la seconda guerra punica.

101. 1. *Questa*: è da unirsi con «ferma guida» e con gli altri sostantivi del v. 14.
102. 1. *resomi*: avendomi restituito. – 2. *a cui... l'aurora*: perché Giove, che si era unito a lei dopo aver preso le sembianze del marito, Anfitrione, aveva prolungato prodigiosamente la notte d'amore. Alcmena, come narra la leggenda, concepì due gemelli, Ifialte dal vero Anfitrione, Ercole dal dio.
103. 1. *'l gran re*: Mitridate VI re del Ponto che, per timore di essere avvelenato, si abituò con dosi sempre crescenti di veleno, fino a essere immunizzato.
104. 1. *dubbi*: dubbiosi, incerti. – 2. *io pur mi specchio*: «continuamente rimirando e ritrovando in lui se stessa» (Baldacci).
108. 1. *al Tanai*: nei pressi del Don. – 2. *al freddo Gange*: una curiosa inesattezza. Anche se il Gange nasce dalle gelide montagne himalayane, è sempre considerato il fiume delle terre roventi dell'India (cfr. Dante, *Purg*. XXIV, «l'onde di Gange da nona riarse»).
109. 1. *Se voi...*: se voi, sole dei miei occhi, potreste vedere apertamente, nel mio aspetto esteriore (*fuore*) come nel mio interno (*dentro*) siete signore (*donno*) del mio cuore. Concetto analogo, ma espresso con maggiore chiarezza nel sonetto 150. – 2. *di due... dolore*: sarei alleggerita di uno dei due grandi dolori che mi tormentano. Non dovrebbe più subire l'inquietudine derivatale dall'ingiusta gelosia del conte, mentre continuerebbe a soffrire per il timore di perdere l'amato.
110. 1. *sì come or è*: anche così come è ora (ha valore concessivo). – 2. *l'altra compagnia*: è la vera umiltà di cui ci parla al verso seguente.
111. 1. *chi... Gebenna*: il Petrarca, cantore del fiume Sorga e del Monginevro (Gebenna) (*Epistole metricae*, III, 24). – 2. *seco*: con lui. – 3. *dolce*: dolcemente.
113. 1. *prossimano*: vicino. – 2. *il gran re*: Enrico II.
115. 1. *furâr*: rubarono, sottrassero. Ne dipendono *raggi, alma beltade, arme* e *libertate*. – 2. *mi sfaccio*: cfr. Petrarca (*RVF*., CLXIV, 5-6) «vegghio, penso, ardo, piango; et chi mi sface / sempre m'è inanzi per mia dolce pena».
120. 1. *O tante... sparse*: il verso è identico all'ultimo del sonetto precedente. – 2. *alse ed arse*: agghiacciò e divampò. Il binomio relativo agli opposti effetti dell'amore, di matrice oraziana, è già presente in Petrarca (*RVF*, CCCV, 7 e *Trionfo della Morte*, 1, 127). Ritorna nel sonetto 152.
121. 1. *altri*: un essere. – 2. *un'imagine... Chimera*: qualcosa di simile (un'imagine) ad Eco (sfinita dall'amore non corrisposto di Narciso, al punto di essere ridotta sola voce) e a Chimera (la creatura multiforme, cui Gaspara è affine come chi al tempo stesso «sia viva e non sia viva»). La similitudine con Eco ricorre anche nel sonetto 149; quella con la Chimera nel 171.
123. 1. *capir... non sostiene*: questa vita terrena non permette che un'anima possa contenere (*capir*) tanto bene senza qualche avversità.
128. 1. *la zampogna... Mida*: Mida aveva cercato di tenere nascosta la sua vergogna (le orecchie d'asino che gli erano spuntate per volere di Apollo) sotto un berretto; ma il barbiere che le aveva notate aveva confidato il segreto a un pezzo di terra da cui nacquero canne e zampogne che al soffiar del vento lo diffondevano. Come a dire che *speco o fossa* riveleranno la sua innocenza e «più l'altrui peccato».
129. 1. *dimando... Amore*: chiedo ad Amore. – 2. *scema*: priva.
130. 1. *pianeta*: destino.
131. 1. *Queste rive*: di Venezia.
132. 1. *al fiume*: il Piave (*Anaxum* in latino) che scorre nei pressi del castello di Collalto. La poetessa ne ha coniato lo pseudonimo Anassilla (cfr. sonetto 135). – 2. *torbo*: torbido. – 3. *ove mi tergo e forbo*: endiadi.
133. 1. *una tigre del più aspro monte*: la tigre più selvaggia, quella che abita fra le montagne più aspre. È interpretazione più convincente dell'altra, che fa dipendere «del più aspro monte» da «memoria o senso». – 2. *chero*: desidero (latino *quaero*).
135. 1. *Sacro fiume*: il Piave (cfr. nota 1 di 132). – 2. *la pianta*: la famiglia del conte. – 3. *Tu mi dài nome*: Anassilla, come ricordato alla nota 1 di 65.
136. 1. *Fiume... prendi*: cfr. nota 1 di 65. Si noti, però, la paradossale inversione del concetto: sarebbe addirittura il fiume a prendere il nome da Anassilla, e non viceversa.
138. 1. *perch'io preghi*: con valore concessivo: per quanto, sebbene. – 2. *a chi fàllo*: a chi lo fa, a chi ha determinato il mio danno.

139. 1. *Rimandatemi... tiranno*: il Baldacci cita questo sonetto come tipico della «misura media» della Stampa e della coraggiosa originalità del suo modo di comporre, che fa della poesia un uso «assolutamente pratico».

140. 1. *invescarvi*: lasciarvi sedurre, innamorandovi.

141. 1. *come avien... prescrive*: «come può accadere che voi sopportiate di star lungi da me, questo breve tempo che la pietà vostra assegna al mio bene?» (Ceriello).

142. 1. *il suo raggio... sormonta*: «come il sole, che si leva in cielo da oriente» (Baldacci).

143. 1. *Come posso... viver mio?*: come posso fare pace o tregua col mio desiderio, che vuole che io sia serena (*vuole tranquillo porto*) e viva, anche se non c'è qui con noi il sole che egli tanto desidera? È la consueta aspirazione — sempre inattesa — a una vita serena, anche senza la presenza dell'amato.

144. 1. *piana*: manifesta.

145. 1. *aggroppo*: accumulo, ammasso.

147. 1. *chi mi lava e 'nfiamma*: chi mi fa piangere e bruciare. – 2. *squamma*: piccola parte.

148. 1. *Piangete... Amore*: cfr. nota 1 di 85.

150. 1. *E vedreste... donno*: si veda il sonetto 109.

152. 1. *che non venga... fronde*: «il trionfo d'amore di un'altra» (Ceriello. Il commentatore ricorda a questo proposito il giudizio del Toffanin: «Non so di altro poeta che abbia espresso con tanta forza la disperazione di non aver diritto alla gelosia»).

153. 1. *mi doglia*: mi addolori.

156. 1. *Padre del ciel*: si ricordi l'*incipit* petrarchesco (*RVF*, LXII). Al linguaggio petrarchesco deve ricollegarsi anche *scorza* (per corpo) del v. 9.

157. 1. *sia dia... vicenda*: si renda la vicenda, si contraccambi (*otta* vuol dire vicenda).

158. 1. *il bel nido*: il castello di Collalto, dove la poetessa ha lasciato il conte, tornando da sola a Venezia.

159. 1. *l'imagin... impero*: la vostra immagine è fissata nel mio cuore e lo domina, come signora venerata più di ogni ricchezza e potenza.

161. 1. *Occhi miei lassi*: riprende il primo emistichio di una ballata petrarchesca (XLIX).

162. 1. *un liquefarsi... falda*: cfr. 153, 4 «io mi disfaccio com'al sol la neve» (*falda*: roccia).

164. 1. *mi rallenti*: sciolga il nodo con cui mi stringe.

165. 1. *lieve*: incostante.

166. 1. *tua poggia... ostinata*: il conte è irriducibile. Nella metafora l'amato è designato come una nave (il suo *legno ostinato*) che continua imperterrita la sua rotta, insensibile al mutamento del vento prodotto da Amore (nelle barche a vela *poggia* e *orza* sono le cime che regolano l'antenna tirandola verso prua o verso poppa).

167. 1. *tommi*: toglimi. – 2. *ella*: la *viva ed angelica beltade* del v. 3.

168. 1. *tôrmi voi*: negarvi a me, togliermi voi stesso e il vostro amore.

169. 1. *oro ed impero*: l'accostamento, in contesto affine, in 159, 8. – 2. *mi contende*: mi impedisce di avere.

170. 1. *Progne e Filomena*: le due sorelle che gli dèi trasformarono in rondine e in usignolo. Tereo, marito di Progne, aveva abusato della cognata e le aveva tagliato la lingua perché non lo denunciasse. Filomena, per mezzo di un ricamo, fece conoscere la verità alla sorella e, insieme, durante le feste bacchiche, per vendicarsi dell'affronto (l'*onta* del v. 6) subìto, uccisero Iti, figlio di Tereo e Progne, e ne imbandirono le carni al padre. – 2. *A voi... giust'ire*: a voi (Progne e Filomena) la primavera rinnova il ricordo dell'offesa infertavi da Tereo e la pena della giusta vendetta.

171. 1. *una Chimera*: una creatura informe, confusa, in cui coesistono nature diverse. La figura mitologica compare anche in 121, 14. – 2. *ch'avanza... vera*: che supera il vero mare, perché ancora più tempestoso.

173. 1. *quant'è con voi... gradita*: «in proporzione al tempo ch'ella trascorre in compagnia vostra e nella misura che voi mostrate di amarla» (Baldacci).

174. 1. *prendesser cibo*: concetto analogo in 172.

176. 1. *eri*: eravate. – 2. *il vanto*: la fama. – 3. *nodo gordiano*: il nodo di Gordio, famoso per essere indistricabile, che Alessandro Magno invece di sciogliere spezzò con la spada. – 4. *con le luci scorte*: con gli occhi accorti, capaci di vedere chiaramente.

177. 1. *a chi lor crede*: verso colui che crede in loro, cioè verso chi ricambia la loro fedeltà e fiducia.

179. 1. *La vita fugge*: l'emistichio è petrarchesco (*RVF*, CCLXXII, 1). – 2. *m'userei*: mi abituerei.
180. 1. *vicina lontananza*: prossima partenza. – 2. *Lasciate... gai*: la donna chiede che l'amato, prima di affrontare una lunga separazione, lasci il castello di Collalto e stia con lei a Venezia.
181. 1. *contare*: raccontare.
182. 1. *più degno*: troppo nobile rispetto a me. – 2. *da lui*: dal «mio signore» del v. 3. – 3. *ch'è vita... atterra*: perché la morte che seppellisce, annulla, tutte le morti che quotidianamente patisco (nella guerra di amore, di cui alla precedente terzina) è vera vita.
185. 1. *la ritorna*: la fa ritornare (il soggetto è *oscura téma* del verso seguente).
186. 1. *aspe*: aspide, serpente. Qui simboleggia il sospetto dell'abbandono, già illustrato nel sonetto precedente. – 2. *compenso*: confronto.
188. 1. *poi che... vuole*: poiché questa è la volontà di chi potrebbe cambiare il suo destino. Analoga espressione, che ricalca goffamente il dantesco «Vuolsi così colà dove si puote / ciò che si vuole» (*Inf.*, III, 95-96), nel sonetto 191, 8.
189. 1. *mai*: rafforza il *sempre* che segue. – 2. *or trema... verno*: si veda il petrarchesco (CXXXII, 14) «e tremo a mezza estate, ardendo il verno».
191. 1. *di chi può*: cfr. nota 1 di 188.
192. 1. *ingiurioso e forte*: è concordabile sia con *duol* che con *orgoglio*; è preferibile, come suggerisce il Baldacci, riferirlo a *duol*.
193. 1. *suoi*: loro.
194. 1. *l'ha pieno*: lo ha riempito.
195. 1. *è l'esser forte*: significa essere forte. – 2. *s'astien*: ci si astiene. – 3. *dolce ed empio signor mio*: in Petrarca (CCCLX, 1) amore è definito «quell'antiquo mio dolce empio signore».
196. 1. *il vostro... pria*: «se non mi foste fedele per il passato, siatelo per il futuro» (Baldacci). Ma ritengo sia meglio interpretare: non donate il vostro cuore ad altra donna poiché in passato non l'avete concesso completamente a me che vi ero tanto fedele (cfr. *de la mia rara fé*, del v. 14).
198. 1. *gran*: Abbiamo corretto il *grande* dell'edizione Salza.
199. 1. *gran Sole*: Dio. – 2. *da le Sirti e da l'arene*: endiadi: dai bassifondi marini.
200. 1. *ov'è cui*: dov'è colui al quale.
205. 1. *salamandra*: i'animale che, secondo le antiche leggende, viveva nel fuoco, come suo elemento naturale. – 2. *non men... animale*: la fenice che, addirittura, riprendeva a vivere risorgendo dalle proprie ceneri. – 3. *vivere... male*: è il verso che piacque a D'Annunzio (cfr. Nota biobibliografica).
206. 1. *quel giorno*: il giorno di Natale in cui la poetessa si era innamorata di Collatino. – 2. *del nostro padre*: Adamo (cfr. il sonetto 2).
207. 1. *mancipio*: serva. – 2. *perché... migliore*: per quanto l'anima veda quel che è meglio per lei.
208. 1. *sezzo*: ultimo.
209. 1. *smaglia ogni lorica*: petrarchesco: rompe le maglie del tessuto metallico della corazza.
210. 1. *un parer*: il fatto che sembri. – 2. *io temo non*: costruzione alla latina: io temo che. – 3. *che 'n vano*: «che torni vano il pensier mio» (Baldacci).
211. 1. *perché cerchi*: per quanto io cerchi.
212. 1. *fenice*: cfr. nota 2 del 205.
213. 1. *o mia fia... valore*: «o mi sarà dolce la sua rara bellezza e la sua virtù, o mi parrà meno grave quanto sono per soffrire e quanto ho sofferto. Il testo è poco chiaro» (Ceriello).
214. 1. *di lor*: disire e speme. – 2. *m'ingombra e preme*: cfr. Petrarca «quel che l'anima nostra preme e 'ngombra» (*Trionfo dell'eternità*, 64).
216. 1. *Ben... dardo*: il sonetto è un acrostico. Le iniziali di ogni verso (ad eccezione del 5) formano nell'ordine il nome del nuovo amore della poetessa, Bartolomeo Zen.
217. 1. *rado*: raramente.
218. 1. *i vanni*: le ali.

Indice

p. 7 *Introduzione di Marta Savini*

9 *Nota biobibliografica*

11 I sonetti d'amore

91 *Note*

Tascabili Economici Newton, sezione dei Paperbacks
Pubblicazione settimanale, 29 gennaio 1994
Direttore responsabile: G.A. Cibotto
Registrazione del Tribunale di Roma n. 16024 del 27 agosto 1975
Fotocomposizione: Coop. Sinnos a r.l., Roma
Stampato per conto della Newton Compton editori s.r.l., Roma
presso la Rotolito Lombarda S.p.A., Pioltello (MI)
Distribuzione nazionale per le edicole: A. Pieroni s.r.l.
Viale Vittorio Veneto 28 - 20124 Milano - telefono 02-29000221
telex 332379 PIERON I - telefax 02-6597865
Consulenza diffusionale: Eagle Press s.r.l., Roma